姜 波 / 著

吉林出版集团股份有限公司

百年情书

教我如何不想她

图书在版编目（CIP）数据

百年情书：教我如何不想她 / 姜波著 .—长春：吉林出版集团股份有限公司，2017.10

ISBN 978-7-5581-3646-7

Ⅰ.①百… Ⅱ.①姜… Ⅲ.①书信—文学欣赏—中国—民国 Ⅳ.①I207.6

中国版本图书馆 CIP 数据核字（2017）第 242827 号

百年情书：教我如何不想她

著　　者	姜　波
策划编辑	宿春礼
责任编辑	齐　琳　史俊南
封面设计	颜　森
开　　本	710mm×1000mm　1/16
字　　数	160 千字
印　　张	14
版　　次	2018 年 4 月第 1 版
印　　次	2018 年 4 月第 1 次印刷
出　　版	吉林出版集团股份有限公司
电　　话	总编办：010-63109269
	发行部：010-69584388
印　　刷	北京朝阳新艺印刷有限公司

ISBN 978-7-5581-3646-7　　　　　　　　定价：38.00 元

如出现印装质量问题，调换联系电话：010-82863138

版权所有　侵权必究

[前言]

"一早就醒了,躺了一两点钟,想着香山,想着北海,想着黔阳馆,想着昨晚走过的路径,想着一个人的名字!"

你可知,已过而立之年的、一向老实稳重甚至是缺乏情趣的朱自清,竟然就像刚刚品尝爱情滋味的少年一样,沉醉在甜蜜、希望、不安、真挚等种种复杂交织的情感之中。

"眉,你知道我怎样的爱你,你的爱现在已是我的空气与饮食,到了一半天不可少的程度,因此我要知道在你的世界里我的爱占一个什么地位?"

你可知,正是徐志摩的出现,让陆小曼的天空重现了光辉,这枝红玫瑰终于被带出了慵懒的温室,尽情地享受着阳光雨露的滋润,越发显得光彩照人了。

"现时我要下命令了,以后不准自己把信半夜放在邮筒中。因为瞎马会夜半临深池的,十分危险,叫人捏一把汗不好。"

你可知，在热恋中真情不能自已的鲁迅，为了能让恋人早一点收到自己的信，早一点回复，他竟然在深夜里跳栅栏去寄信。

"风从开着的窗吹进来，多么美丽的晚上呵，明天便能见着你，我最爱的人了，希望这两天，你也是很快乐地过的吧！"

你可知，一个是风度儒雅的文学名士杨晦，一个是聪慧多情的豆蔻少女文树新。在那个战乱的年代，他们爱得勇敢而执着，他们爱得决绝而热烈。

……

记得有人这样说过：泪，在山中，不叫作泪，而叫作云雾；相思，便也不叫作相思，而叫作烟雨。无情不似多情苦，一寸还成千万缕。民国，那个通信不方便的时代，却因为自己的"落后"，为我们留下了一封封珍贵的情书，让我们得以窥见那个时代唯美的爱情，感叹他们用尺素留恋的山长水阔。

于是，那些人鲜活了，那些写满爱的旧纸张温软了，那些与爱相关的情节从旧时光中缓缓走了出来，让我们重新认识那个时代，以及他们的情书、情话、情词。

天涯地角有穷时，只有相思无尽处。几度相思，几度凝眸，那一行行灵动的鲜活，那一句句诚挚的诺言，哪管世俗，岂拘礼教；缘定一生，相守一世，彼此曾经眷恋的故事，也是佛前求了五百年的尘缘，也是于千万人之中不早不晚的邂逅。

一句句，一封封，那些唯美的纯真，那些卑微的守候，让人唏嘘不已；那些炽热的真挚，那些温润的深沉，让人感动震惊。

文树新决绝的出走，只因爱到了极致，哪怕是用青春的生命来诠释爱情唯一的答案，为了爱情奋不顾身的文树新遇到了同样奋不顾身的杨晦。

徐志摩惊世的绝恋，只为情无以抑，即便用短暂的火焰来镌刻偏爱最终的名字；他爱着她，爱在眼里，爱在心里，眼波流转怎惧离经叛道。

漂洋过海的韦莲司，用她别样的忠诚，诠释着"衣带渐宽终不悔"的守护，"一往情深深几许"的承诺。

捧着字字泣血的《与妻书》，陈意映含泪忍悲伤，历史的薄尘拂不去不得不舍的决绝，血色腥风中抑不住不得不弃的绝美。

……

哀婉悲凄的生死爱恋，碧海青天的无限遥路，不再去计较谁是谁生命的过客，谁是谁生命的轮转，没有对与错，没有该与不该，一切都是为了爱。若要永恒，爱不能停在开始；若要歌唱，爱只有一再宣战。

落满岁月尘埃的故居和散发香气的爱情，是那段历史及动人的情书。哪管世俗，岂拘礼教，爱的征途上没有阻碍，只有为爱而战的凯旋。似水流年，沧桑岁月，扰攘人世间，或许再没有这样的爱情。

【目录】

朱自清与陈竹隐：走过千山终遇你，不算迟

原来岁月不成歌……004

想着一个人的名字……007

至亲至疏夫妻……012

此中甘苦两心知……020

长清短清，哪管人离恨……023

徐志摩与陆小曼：许你繁花似锦

我是天空里的一片云……030

一朵幽兰藏深谷……033

请和我在红尘中相恋一场……036

你归来，我盛开……040

此身在，情常在……046

断肠人，琴未消……049

徐悲鸿与孙多慈：慈悲之恋无慈悲

红拂夜奔订终身……056

他只爱艺术，不爱我……060

假如，爱有天意……064

相思已是不曾闲……067

一粒红光豆，相思迭万重……071

寒风萦别愁……074

水中月，镜中花……078

纯爱永恒，念念勿忘……083

林觉民与陈意映：只愿天下情侣，不再有泪如你

缘定三生心相印……090

鸾凤和鸣有灵犀……093

气壮山河慷慨死……096

情深不寿鸳鸯飞……099

鲁迅与许广平：以沫相濡亦可哀

爱情是我所不知道的……108

在时间的深处，与你相遇……110

你来我往的鸿雁频传……115

我可以爱，你战胜了……120

只有你，是我相思的方向……123

无情未必真豪杰……129

情深的悲剧，以死来句读……1133

高君宇与石评梅：最远的你是我最近的爱

一剪寒梅初绽放……138

一点芳心，冷落成灰……141

明显映在心上的，是天辛……143

一片红叶寄相思……146

我是飞入你手心的雪花……151

更知何日重逢君……157

断魂无据,万水千山何处去……162
死后愿得并葬荒丘……165

杨晦与文树新:你是我最好的遇见

不期而至的初恋……170
裁一段相思铺路……172
在思念里,与时光默然相对……177
那一次离开,惊艳了烟花……181
一缕香魂随风散……183
流水无限似侬愁……187

胡适与韦莲司:再没有这样的爱情

只那一瞥,如饮风月……192
只怕水远山遥,梦来都阻……195
聚如短尺,离若长河……199
半随流水,半随尘埃……207

朱自清与陈竹隐
走过千山终遇你，不算迟

"一早就醒了，躺了一两点钟，想着香山，想着北海，想着黔阳馆，想着昨晚走过的路径，想着一个人的名字！"

"这个人的名字几乎费了我这个假期中所有的独处的时间！我不能念书，不能写信，甚至看报也迷迷糊糊的！"

"接你前一信时，恕我直说，颇为惶惑！因为信中的话似乎太泛泛，而四日、八日各写一纸，直至十三日才付邮，似乎有些不在乎样子，是令我害怕的。"

"你不要笑，我这一星期的日子真不好过，就因为你的信。我有种种的设想，但我随时打破我的设想。我想你不是太忙，顾不到这远在万里的我吧。不是生我的气吧，也许我的信写得不好吧？"

"这个人的聪明教我喜悦；但是现在，似乎又教我担心。她昨晚上说，聪明人很厉害，不会像现在这样；可是你知道，真聪明的人，有些事是不在乎的，而她，就是这种不在乎的女人！"

……

"竹影拂阶尘不起,清风穿池水无声。"她拜读过他的至情散文,感动于细腻清丽的文字;她赏识他的翩翩风度,折服于孤傲高尚的人格。她虽不是他的结发妻子,却为他养大了六个子女;她虽经媒妁之言与君相识,却谱写了清风荷塘的爱之恋曲。纵然日夜操劳的手,再也画不出绚烂的色彩,但她患难与共义无反顾;即使干渴疼痛的嗓子,再也唱不出婉转的戏文,但她相濡以沫此爱绵绵。正如那:至近至远东西,至深至浅清溪。至高至明日月,至亲至疏夫妻。

原来岁月不成歌

1930年的一天,清华园南院十八号的屋子依然是冷冷清清。清华大学中文系主任朱自清正在屋中踱步。他眉峰紧锁,目光深沉而痛苦。

此刻,萦绕在他脑海心间的便是扬州老家的六个孩子。他们在做什么呢?有没有吃饱穿暖?是不是又淘气不听话,惹得年迈的爷爷奶奶生气着急?

老父老母年纪都大了,身体也并不十分硬朗,自己不但不能为其分忧,在膝下承欢尽孝,反而丢下六个幼小的孩子让他们受累。

想到这里,朱自清更加烦恼、惭愧了,他叹了口气,目光落在书案上静静立着的一帧相片上。他忍不住轻轻地说:"谦,你还好吗?"

相片里的女子文静安详,她就是朱自清的原配夫人武钟谦。此时,距她离世已有一年多了。

这一年多来,陪伴着朱自清的就只有那"嘀嘀嗒嗒"的钟表声和夜晚的几点小星。失去了女主人,家便不再成为家,原来那些温暖的时光也偷偷溜走,再也没有回来过了。

靠着若干情深义重好友们的热心帮忙,朱自清的生活才得以维持下去。可是,心中的寂寞和悲苦又怎能仅凭别人的帮助就消散呢?也有好友劝他考虑续弦之事,早日解除孤寂之苦。但朱自清却始终无法放下对亡妻的深情和追忆,甚至写下了

"此生应寂寞，随分弄丹铅"的诗句以明志，决定永不再娶。

然而，纵然有着对亡妻的绵绵痴情，也终究敌不过现实残酷而无情的压力。面对这没有温度的家，想起老家那六个失去母爱的孩子，以及那些繁重而琐碎的家务事，苦闷便涌上他的心头。

他曾因过意不去俞平伯一家的帮助，每月坚持交伙食费到俞家，而俞夫人则暗暗将这些钱全部用于改善朱自清的饮食，自己未留分毫。

毕竟不能总是麻烦这些善良仗义的朋友，何况一大家子的生活也不能无人料理。于是，在几位好友的"撺掇"之下，朱自清终于肯打开关闭已久的心门，迎接另一个人。

陈竹隐出身于四川成都一个没落的书香世家，十六岁时便失去了父母双亲。几经辗转，她来到北平，考上了北平艺术学院。

陈竹隐艺术天分很高，她是国画大师齐白石、书法家寿石先生的爱徒，工笔画尤其出色。她还痴迷于昆曲，当时的戏曲名家、红豆馆主溥侗便是她的昆曲老师。

溥侗是溥仪的族弟，民国四公子之一，诗词书画、音律曲艺无所不精。他非常器重陈竹隐这位长相清秀、性格开朗的女弟子。只可惜陈竹隐早早没了亲爹娘，这么多年一直都靠自己努力打拼，维持着乱世中的艰难生活。年龄悄悄地增长，而陈竹隐的终身大事却迟迟没有着落。

眼看自己的得意弟子至今仍没有一个安定的归宿，溥侗也有些着急。于是他便利用自己在文艺界的广泛关系，多方打听，想要为陈竹隐物色一位满意的郎君。

不久，在同清华大学教授叶公超的一次闲聊中，他得知了朱自清的好友们正在为其寻觅佳偶。于是，溥侗便和叶公超合计了一番，决意促成这件好事。

1930年春日的一天，溥侗在西单大陆春饭庄设宴。在座宾客有他的两位女弟子陈竹隐和廖书筠，还有清华大学的教授叶公超和朱自清。

这天，眉清目秀、身材匀称的陈竹隐在朱自清心中留下了很好的印象，况且她那端庄的仪态、优美的谈吐，都显示出具有艺术修养的知识女性所特有的气质。但是席间，朱、陈二人却并无过多的交谈。

宴席结束后，陪陈竹隐同去的廖书筠将朱自清的表现评价了一番。她说他那副金丝边的眼镜和那件米黄的绸大褂搭配起来，倒也显得颇有些知识分子的翩翩风度，可惜就是脚下很不协调地穿了一双老式的"双梁鞋"。于是，廖书筠便开玩笑道："哎呀，穿一双'双梁鞋'，土气得很，要是我才不要呢！"

然而，已经二十七岁的陈竹隐却并没有因为那双鞋而否定朱自清。她从十六岁起便走出家门，在社会中经过了十年多的磨炼。她很清楚在那样动荡的年代里，一个女孩子要想建立一个安宁和睦的家庭是多么的不易。

我认为在那纷乱的旧社会，一个女子要想保持住自己的人格尊严，建立一个和睦幸福的家庭并不容易，我不仰慕俊美的外表、华丽的服饰，更不追求金钱及生活的享受，我要找一个朴实、正派、可靠的人。

为此,她曾坚决地拒绝了一个跟自己毫无共同语言的富贵公子哥的追求。

朱自清这个名字,陈竹隐早就有所耳闻。她曾读过他的散文,那柔和细腻的笔调、恬静淡雅的画面,都令她深受感动。如今见到朱自清本人,也像他的散文一样平和、宁静,陈竹隐心中已暗暗地给他打了高分。

很快,这件事情就不再需要双方的老师和好友们过于操心了,因为两个人很快便开始了鱼书频传。

想着一个人的名字

起初,朱自清常常赠书给陈竹隐,并细心指导她的文章写作,而陈竹隐也恭敬地称他为"自清先生"或"夫子"。但朱自清不愿意让自己和陈竹隐的关系一直这么拘谨,于是他便在信中不露神色地做着改变。首先,就是从称呼开始。

朱自清给陈竹隐写信,先是称她"竹隐女士",后来便改称"竹隐弟",同时他也要求陈竹隐改变对他的称谓。在一封信中,陈竹隐这样写道:

"'师生'的感情既是不如'朋友'的深厚,那就遵命取消了'夫子'的称谓。不过,名义上的'夫子'虽然取消,实际上的'夫子'还得继续保留下去——这大概总可以同意吧?"

此后随着感情日益加深,他们的称呼和落款便成了"隐弟"和"自清兄"、"隐妹"和"佩哥"、"亲爱的隐妹"和"你的清",以及后来更为亲昵的"我的乖""小东西""亲爱的宝妹妹"等爱称,这些都无不显示出他们之间逐渐增加的蜜意浓情。

那时候,朱自清常去陈竹隐的住处去看她。他们一起在河边漫步,有时兴致来了,也会享受一番垂钓的乐趣。此外,看电影、听戏、郊游,都是他们恋爱约会的经常性项目。甚至连普普通通的散步,都具有了一种独特的风味和意义。

自然,更有意思的是我们的散步——其实应该老老实实说是走路!可惜天太冷了,又太局促,比上星期在北海雪月交辉里的要苦些。你说是不是?希望下一星期有一个甜些的——当然还是散步!

朱自清与原配夫人武钟谦的结合是典型的旧式婚姻,他与他的新娘都是在揭开红盖头的时候才第一次见到对方。他与陈竹隐的交往,才算是平生第一次恋爱。因此,已过而立之年的、一向老实稳重甚至是缺乏情趣的朱自清,竟然就像刚刚品尝爱情滋味的少年一样,沉醉在甜蜜、希望、不安、真挚等种种复杂交织的情感之中。

一次,朱自清约陈竹隐同游西山。山间薄雾轻绕,红叶飒飒,牧童村女,悠然自适。朱自清和陈竹隐饶有兴致地赏景、听泉、对诗……景不醉人人自醉,两个人都沉醉在那发自内心的愉悦和恬谧中了。

第二天,朱自清收到了陈竹隐寄来的一封信。信封里并无信纸,也无只言片语,只有一束精心装饰过的红叶。朱自清捧着这封红叶信,激动不已。红叶似火,照亮了他那片黯淡阴霾的心空,温暖了他那颗久已冷寂的心房。

朱自清当即提笔,为陈竹隐写下了三首旧体诗:

文书不放此身闲,
秋叶空教红满山。
片片逢君相寄与,
始知天意未全悭。

薜荔丹枫各自妍,
缤纷更看锦丝缠。
遥知素手安排处,
定费灵心几折旋。

经年离索黯萦魂,
飒飒西风昼掩门。
此日开缄应自诧,
些许秋色胜春温。

朱自清与陈竹隐的好友们看到两人如此顺利地发展,都真心替他们高兴,认为这对珠联璧合的男女很快就会永结秦晋之好了。然而此时,陈竹隐的心中却有一片阴云悄悄漫上来,给她的幸福感笼上了一层阴影。

自己正值青春年华,朝气蓬勃、跃跃欲试,在艺术道路上的前途也是开阔而光明的。可是如果嫁给朱自清,就会一下子成为六个孩子的母亲,就要担负起一大家人生活起居的重担。

丢掉画笔颜料、告别昆曲剧艺，整天围着锅台转，这样的生活自己真的能够承受得了吗？

有一段时间，苦恼的陈竹隐有意疏远朱自清。这种若即若离的态度，给朱自清带来了许多忧虑和烦闷。

朱自清曾在情书中含蓄地表达了自己的焦灼：

"一早就醒了，躺了一两点钟，想着香山，想着北海，想着黔阳馆，想着昨晚走过的路径，想着一个人的名字！"

"这个人的名字几乎费了我这个假期中所有的独处的时间！我不能念书，不能写信，甚至看报也迷迷糊糊的！"

"这个人的聪明教我喜悦；但是现在，似乎又教我担心。她昨晚上说，聪明人很厉害，不会像现在这样；可是你知道，真聪明的人，有些事是不在乎的，而她，就是这种不在乎的女人！"

其实陈竹隐自己心里也是剪不断，理还乱。如果真要离开他，心里确实是痛苦难舍的。因为她与朱自清相识以来，已逐渐被他那坚强的性格和高尚的人格征服了。

朱自清原名自华，读北大预科时，学校规定要读两年才能考本科。但那时他的家境已大大衰落了，为减轻父母的负担，他提前一年考入了北大哲学系。又将"自华"改为"自清"，并因《韩非子》中"董安于之性缓，故佩弦以自急"的故事而以"佩弦"为字，用来激励警策自己改变迟缓怯弱的性格。

他废寝忘食地读书，三年就学完了四年的课程。提前毕业后，由于北大校长蒋梦麟推荐他到浙江省立第一师范学校教书,这样,大大缓解了家中的经济难题。

他教学严谨认真,每次上课都竭尽全力,常常满头大汗,生怕有哪个学生错过了任何一点内容。有一次他给一个学生批改作文,改动了一个字。过了好几天,又把那名学生找去,对他说:"我想了几天,觉得还是你原来那个字好,还是改回去吧。"

他性格温和诚恳,待人彬彬有礼,学校里的工友帮他做一点事,他总是很谦和地说:"劳驾!谢谢!"丝毫没有一点教授、名人的架子。

他是个孝子,那篇真诚质朴的《背影》早就被选入民国中学国文教材,感动了无数的中国人;他还是慈爱的父亲,六个子女的成长无时无刻不牵动着他的心。

是啊,那六个可怜的孩子至今仍在扬州跟着爷爷奶奶生活,他们当中最大的也不过只有十一岁,却已经失去了母亲,又远离了父亲。

想到这里,陈竹隐的心间不自觉涌上了一阵酸涩,她自语:"我怎么能嫌弃这些无辜而可怜的孩子呢?""我既然真心爱佩弦,就应当为他分担责任和压力呀!"

其实,哪个女人不希望做一只依人的小鸟,嫁给一个疼着自己、宠着自己的丈夫呢?至少也要先享受一番如胶似漆、恩恩爱爱的二人世界的生活吧!但陈竹隐却在结婚之前就已经清楚地知道,自己一过门便要当母亲,有六个小孩对着自己喊"妈",一大摊家务事都要靠她的双肩来承担。

如此重压,足以令许多年轻姑娘望而却步,而陈竹隐——这位善良灵秀的女孩却义无反顾地站在了朱自清的身旁,决心与他患难与共,一生相守。

一切只不过是因为爱——这个简单而又深挚的理由！

陈竹隐曾经在回忆朱自清时这样说："我与他的感情已经很深了。像他这样一个专心做学问又很有才华的人，应该有个人帮助他，与他在一起是会和睦和幸福的。而六个孩子又怎么办呢？想到六个失去母爱的孩子多么不幸而又可怜！谁来照顾他们呢？我怎能嫌弃这无辜的孩子们呢？于是我觉得做些牺牲是值得的。"

至亲至疏夫妻

对于陈竹隐的这个决定，朱自清非常欢喜，也十分感激。他在信中说：

"十六那晚上是很可纪念的，我们决定了一件大事，谢谢你！想送你一个戒指，下星期六可以一同去看。"

订婚后，朱自清和陈竹隐的感情更加深切、坚定了，两颗心紧紧贴着，再没有一丝缝隙与隔阂。然而，离别之苦很快就侵扰了他们宁静平和的生活。

朱自清在清华大学担任教授已有六年了，按照规定，他可以享受出国访学休假一年的待遇。这是他盼望已久的留学机会，自然不能错过。只是，他将要与心爱的未婚妻分别整整一年了。

1931年8月22日，朱自清就要离开北平，前往英国访学了。陈竹隐和朋友们一起去送他。临行前，他俩合影一张，分开的是两个人，分不开的是那两颗真挚的心。好友在场，他们虽不便"执手相看泪眼"，却也是"一寸离肠千万结"。

在国外，朱自清每到一地，必先写信给陈竹隐，汇报自己近期的行程和见闻，而陈竹隐也将国内一些事情告诉他。

可是过了不久，朱自清心中便隐隐有些不安，他觉得陈竹隐的态度似乎有些不同于往常。于是，他在给陈竹隐的信中提出了自己的疑问：

"又一星期过去了，天天盼你来信，而竟杳无踪影！我想，也许是北宁路有阻？但报上并无记载！也许你信封上未写明由西伯利亚行，因此走错了海道？但北平来信，无论注明与否，大抵由西伯利亚走！也许你上了南京，但南京情形威逼甚好，你不见得会走，越想越是莫名其妙！"

"接你前一信时，恕我直说，颇为惶惑！因为信中的话似乎太泛泛，而四日、八日各写一纸，直至十三日才付邮，似乎有些不在乎样子，是令我害怕的。"

"你不要笑，我这一星期的日子真不好过，就因为你的信。我有种种的设想，但我随时打破我的设想。我想你不是太忙，顾不到这远在万里的我吧。不是生我的气吧，也许我的信写得不好吧？"

朱自清中年丧妻，前妻还留下了一大堆孩子，他虽说是清华大学中文系主任，又是著名的文学家，但依然生活清贫。

相比之下，陈竹隐年轻漂亮，又多才多艺，性格也开朗活泼，且不乏追求者，所以在他们的爱情里，朱自清是更在乎陈竹隐、更怕失去陈竹隐的。

因为害怕失去，所以就想拼命握紧，就会不由地猜测、怀疑。这个温和忠厚的男人竟也变得敏感多思起来。陈竹隐的信晚到几天，他就会猜想是不是邮路受阻；陈竹隐信中语气稍淡，他又会担心她是否不再喜欢自己；陈竹隐写完一封信，有时候过好几天才去寄，他又怀疑她有了新知；而陈竹隐如果写来一封兴致高昂、一往情深的信，他则会舒心地仿佛遇着了天下大赦。

就在这欢喜与不安、等待与期盼相纠结的心绪中，一年的访学很快就结束了。

当朱自清乘坐的轮船在上海的码头靠岸时，陈竹隐早已等候很久了。人生千里与万里，黯然销魂别而已。如今久别又重逢，执手一笑，油然而生的幸福感便填满了彼此的心房。

几天后，朱自清与陈竹隐就在上海举行了一场简便开明的新式婚礼。

1932年8月4日，一场热闹喜庆的婚礼在上海举行。茅盾、叶圣陶、丰子恺、夏丏尊、胡秋原及柳亚子柳无忌父子等当时的文界名流，均到场贺喜。

这场婚宴，宾主都十分尽兴。座上嘉宾纷纷举杯，向一对新人送上新婚祝福，新郎朱自清也一反往日的谦和儒雅，酒兴高涨，直喝得大醉狂吐。

夜已深。筵席尽散，宾客已归。

洞房内红烛高照，新娘陈竹隐正在温柔细心地照料着醉了的丈夫，新郎则在微醉半醒中温柔地握住了她的手。四目相对，无须多言，那份朴质的深情早已融入彼此的心中。

他们经媒妁之言而相识，没有太多浪漫曲折的恋爱故事。

他们才高家贫，所以用最简单的方式举行了婚礼，甚至连洞房都只是一家旅社的客房。

但是他们，却凭借着相互之间的尊重和包容，真诚地相爱，共同驾驭着家庭的小舟穿越了十七年的风雨巨浪。

在普陀山度过了新婚蜜月之后，朱自清便带着陈竹隐回到了老家。身着旗袍高跟鞋的陈竹隐第一次见到朱自清的孩子们时，便不由地生出一种母性的爱意。几番接触下来，陈竹隐发现这几个孩子个个懂事乖巧，惹人怜爱，而孩子们也丝毫没有对继母的陌生与排斥感，他们都喜欢这位和气温柔的新妈妈，彼此相处非常融洽。这也让朱自清松了一口气，看来之前的担心的确是多余的。

卸下了心头重担的朱自清感到无比轻松畅快，他带着陈竹隐和孩子们游遍了扬州的美景，尝遍了扬州的美食。

在瘦西湖，朱自清兴致勃勃地讲述着这里各处的典故，孩子们都听得入了神，陈竹隐也好像走进一幅绝美诗画中一样。

但她故意打趣道："我看过一篇叫《桨声灯影里的秦淮河》的文章，把那儿写得那么美，其实不过是一湾臭水，真是文人哪，死人都说得活！"

朱自清则立即抗议："喂！不要当面骂人呀！"

在柔润秀丽的扬州度过了一段仙侣般的生活之后，清华大学的返校通知到了。朱自清和陈竹隐起程回到了北平，在那里开始了他们真正的婚姻生活。

早在1922年，朱自清就写下了散文名篇《匆匆》，那种对时间偷偷流逝的敏锐和怅然若失的情绪感染、警醒了很多人。

"燕子去了，有再来的时候；杨柳枯了，有再青的时候；桃花谢了，有再开的时候。但是，聪明的，你告诉我，我们的日子为什么一去不复返呢？——是有人偷了他们罢：那是谁？又藏在何处呢？是他们自己逃走了罢：现在又到了哪里呢？"

其实，朱自清自己正像一个匆匆赶路的旅人，将每一分钟都安排地细致、满当。很多年后，陈竹隐在回忆朱自清时，依然清晰地记得他每一天的生活节拍："我们共同生活的十七年的时间里，佩弦从没放松过一分一秒。他的作息时间是安排得很严格的，早晨起床做早操，用冷水擦澡、洗脸，漱口时就把书放在洗脸架上看，然后喝一杯牛奶就到图书馆去。中午回家吃饭，饭后看报。图书馆一开门便又去了，吃罢晚饭，还要去图书馆，直到闭馆才回家。进家门便又摆上东西写，一直到十一点休息。除了生病，我从未见他十一点前睡过。"

当时的清华园还算是在北平城外，师生们只有在周末空闲时才会进城一趟。所以，她只能每天待在家里。

武钟谦在世时，也曾陪伴着朱自清在清华园里生活过很长时间。但她是一位典型的传统的贤妻良母，家就是她最重要最光辉的舞台。她忙于家务，家中烦琐杂乱的一切她都能打理得井井有条；她温柔慈爱，六个孩子每日上演的吃喝哭闹进行曲，在她的指挥下竟也十分的和谐悠扬；她是朱自清的贴心助手，有她在，他就完全不必担心家庭琐事的烦扰，只要在那张安静的书桌前安心工作就好。这画面，是在一旁忙碌的武钟谦最感欣慰的了。

而陈竹隐则不同。她生性活泼好动，从小又受教育，还有着新女性的独立意识，让她像武钟谦那样一心做家庭主妇，把自己的全部身心都附着在丈夫身上，那是不大可能的。

婚后不久，陈竹隐便有一种百无聊赖的厌倦感。她很怀念从前看画展、听戏、参加曲会的多彩日子。于是，她就常常进城去看望朋友，有时候一走几天都不回来，有时候则将朋友们请到家中，几个女人在一起谈天说地，叽叽喳喳，吵得朱自清根本看不进去书，好不心烦。

相比之下，他越发怀念自己的前妻了。他那温柔又善解人意的谦，从未对他发过脾气，也从未怨过自己的苦命，把全部心血都放到了丈夫和孩子们的身上。

她曾卖掉自己陪嫁的金镯子给丈夫筹措学费；她曾在逃兵难时不忘护着他的几大箱书上路。别人都说她傻，她却说："没有书怎么教书？况且他又爱这个玩意儿。"

在去世前的一段时间里，她的病痛已经非常厉害了，但她坚持不肯离家休养。直到病入膏肓，肺部烂了一个大窟窿，她才十分不舍地回到老家养病。临行前惦记着的却是："我死了，这一大群孩子可苦了。"

在苍茫的月色下，朱自清留下了这样的句子：月亮渐渐地升高了，墙外马路上孩子们的欢笑，已经听不见了；妻在屋里拍着闰儿，迷迷糊糊地哼着眠歌。

这温馨恬静的画面永远地烙在了朱自清的心头。

对往事和亡妻的回忆，令他凄然泪下，他饱蘸着哀情，写下了让无数人红了眼眶的《给亡妇》：

"我也只信得过你一个人，有些话我只和你一个人说，因为世界上只你一个人真关心我，真同情我。你不但为我吃苦，更为我分苦；我之有我现在的精神，大半是你给我培养着的。"

从怀想中回过神来，看看这冷清的屋子，陈竹隐又不知到哪位朋友家做客去了。

唉，真是新人不如故啊！

朱自清在日记中十分苦恼地写道：

"余实爱隐，不欲相离；隐似亦相当地爱我，但不以相离为苦。我是计较的人，当时与隐结婚，盼其能为终生不离之伴侣；因我既要女人，而又不能浪漫及新写实，故取此旧路；若隐兴味不能集中，老实说，我何苦来？许多些。

但我们皆是三十左右的人，各人性情改变不易；暂时隐忍，若能彼此迁就，自然好极，万一不能，结果也许是悲剧的。"

悲剧，在几年前便已发生过了，那便是陆小曼与王赓、徐志摩的纠葛。朱自清旅欧期间得知了徐志摩的死讯。他为那个年轻的诗人而痛心，也为早早守寡的陆小曼而哀叹。

他们的悲剧在此时浮上朱自清的心头，他忧虑不安，担心同样的事情在他身上重演。

陆小曼离开王赓再嫁徐志摩，不就是因为那个严肃刻板的丈夫不能与诗情画意的陆小曼达到心灵的契合吗？如今陈竹隐和朱自清也似乎正慢慢滑向危险的崖边。

所幸，月下老人的那根红线不但没有松动至脱落，反而将他们拴得更紧了。

家道中落的陈竹隐早早就步入社会接受磨砺，尽管她也向往新鲜多彩的生活,但终究是少了一分高傲,多了几分忍让与谦和。朱自清随和稳重,有时候也会因为读书工作而忽略了新婚妻子,但他毕竟还是有着文人那种细腻敏感的性格,往往会因陈竹隐一两句无心的话或一两件无心的事而忧心忡忡。他是非常在乎她的感受的。

在婚姻的磨合期,朱自清和陈竹隐都发现了对方与自己的不合拍之处,但幸运的是,他们依然有着很深很真挚的爱,所以两个人都愿意为对方做出牺牲和改变。

此后,陈竹隐便尽量将生活的重心转向家中,照料朱自清的饮食起居更加尽心,也很少再同好友出去游玩几天不回家了。有一次,陈竹隐无意中说起下星期四要去朋友家玩,并住在那里。朱自清听了颇有些失望。陈竹隐发觉了丈夫的不快,便马上改变主意说,如果早上去得早一点儿,晚上就能赶回来,不在朋友家住了。对此,朱自清看在眼里,感激在心。他在日记中写道:"甚曲全余意,毕竟可感。余性忪急,有时亦太过也。"

而朱自清也在工作之余抽出一些时间,陪陈竹隐散步、聊天、看戏。两人似乎又回到了热恋的时候,彼此感情也更好了。

婚后第二年,他们便将长子和长女从老家接来,安排他们到最好的学校接受教育,一家人生活得有滋有味,其乐融融。

可惜,这样和美幸福的生活只持续了五年,朱自清一家便陷入了长达十二年的慌乱和贫苦之中。

其实,处于困境的不只是他们一家,全国四万万同胞都一同跌进了苦难的深渊。因为，1937年7月7日，震惊中外的"七七事变"爆发了。

卢沟桥的枪炮声，打乱了全北平城的安宁。往昔幽静的清华园，此时也已是一片狼藉，人心惶惶。学校紧急疏散全校师生，朱自清一家匆匆搬离了留下他们许多美好记忆的庭院。同时，国民政府也急命清华大学、北京大学和南开大学三校南下，组成临时的联合大学，这便是闻名于世的国立西南联合大学。

从此以后，朱自清和陈竹隐的生活里就充满了聚少离多、贫病交加的惨淡和艰辛。

此中甘苦两心知

国立西南联合大学毕业典礼在图书馆前广场举行。至此，持续九年的西南联大宣告结束。

朱自清就要随联大师生一同北上了。临行前，他专门抽出一天时间，在校园各处走走，看看。一条条小路、一片片砖瓦、一颗颗青草，无一不在渲染着离别的伤感，无一不勾起了他连绵的回忆……

还记得九年前，当他准备随清华师生南下时，心中最挂念最担忧的便是陈竹隐和几个孩子。他也曾为是去还是留而犹豫过，毕竟将全家的生存重担都交给妻子去扛，他是不忍心的；况且北平兵荒马乱，战火连连，让一个女人带着几个孩子惶惶度日，也让他无法放心。

可是，陈竹隐坚定地对他说："佩弦，你的命运早已和清华的命运紧紧相连，决不能在学校境况危险的时候苟且偷安。你留在北平，生活在日本人的监视之下，这是怯懦，是屈辱，你一定不能这样做。我知道你是放心不下我和孩子，但我向你保证，我一定尽全力照料好咱们这个家，总有一天，我们一家人还会团聚的。"

仿佛是一夜之间，陈竹隐完全收起了往日的一些小脾气和偶尔的娇气。在国家危难之际，妻子如此深明大义，朱自清感动的说不出任何话来，他只是紧握着她的手，说了一句"保重"。

陈竹隐是这样说的，也确实是这样做的。这几年，她带着大大小小的孩子，东躲西藏，四处飘零，北平、成都、昆明……都留下了他们的足迹。她也和朱自清团聚过一些日子，但迫于经济之窘迫，一家人不得不分在两个城市居住，以便最大限度地减少花费。

即便是这样，陈竹隐与孩子们也常常饱受饥饿之苦，面有菜色。此外，疾病也时而找上门来，母子几人相继病倒住院，二女儿甚至得了暴病，只一天时间便去世了。

朱自清的生活也同样困顿，他一向勤于工作，积劳成疾，早就有一些胃部不适。这些年在联大，受到战乱影响，教授们的薪水常常无法按时足额发放。朱自清一个人要养活全家，经济负担极为沉重。

他越来越瘦弱了，胃痛也越来越频繁了。当学校放假，他回到家中时，那副恹恹的倦容总会让陈竹隐心疼万分。她尽可能地多买一些新鲜蔬菜，给丈夫好好调养，而她自己则是一如既往地省吃俭用。

想到这里，朱自清觉得十分内疚。自己实在是太对不住妻子了，她那样一个秀外慧中的女子，自从嫁给自己以后，便逐渐放弃了从前所向往的生活，毅然承担起了一家大小的生存重任。她那双日夜操劳的手，不知多久没有摸过画笔了，她那副时常干渴疼痛的嗓子，再也唱不出婉转的戏文了。

朱自清叹了口气，轻轻地念了几句自己几年前写给妻子的诗作《妇难为》：

> 妇詈翻成幼妇辞，却怜今日妇难为。
> 米盐价逐春潮涨，奴仆星争皎月奇。
> 长伺家公狙喜怒，剩看稚子色寒饥。
> 闲嗔薄恝犹论罪，安得诗人是女儿。

但陈竹隐却从未有过任何怨言，她甚至向朱自清提出"约法三章"：

第一，家务事由她大包大揽，朱自清不必插手，只需要专心写作、备课即可。

第二，要培养孩子们的独立意识和生活能力，该让他们去做的事，便不用父母代劳。

第三，虽然家贫，但也不必为此烦恼，各项开支能省则省，能维持基本生存就够了。

就像《背影》中，朱自清父亲的那句话"事已至此，不必难过，好在天无绝人之路"。陈竹隐还在家中经济最困难时，托人在国立四川大学图书馆找了一份工作。这样一来，她不仅要操持全家的家务事，还要外出工作赚钱，担子更重了，但她硬是咬牙坚持着。

偶尔安闲的夜晚，孩子们都睡熟了，陈竹隐就会拿出自己珍藏的一卷挂轴来细细欣赏。这是朱自清送给她的一份礼物，内容是一首诗，是他当年刚刚南下时，思念陈竹隐而作的：

勒住群山一径分，
乍行幽谷忽千云。
刚肠也学青峰样。
百折千回只忆君。

无论辗转流离到哪里，这幅挂轴都是陈竹隐随身携带的心爱之物。只要看到它，陈竹隐的心就会被爱与希望的火光照得暖融融的。初嫁他时那些爱的誓言，她始终记得，并用尽一生去实现它。

长清短清，哪管人离恨

朱自清带着家人回到北平后，稍稍安顿了一下便马上投入了紧张繁忙的工作中。他的时间仿佛总是不够用，他要做的事总是那么多，虽然他的胃痛越来越严重了，但他依然没有丝毫的松懈。

不分昼夜的辛劳就要将他生命的灯油耗尽了，但他好像已知自己余日无多，越发不肯放过一分一秒。胃痛得厉害，但只要还能坚持，便决不躺下；桌下常备一只痰盂，呕吐完了便接着工作；要讲授的课程，要批改的试卷，若不精心准备完善，则一定不会休息。

他曾写过这样的诗句：折肱尽瘁光家国，只问耕耘莫问年。

上课、写作、著书，他就像一头老黄牛，永远舍不得停下自己那沉重的脚步。

1948年6月18日，清华大学的一些教授共同签署了一份宣言，大家相约今后坚决不吃美国援助的平价面粉，为的是反对美国政府的扶日政策，抗议美国总领事和驻华大使对中国人民的污蔑和侮辱。

朱自清也郑重地在这份宣言上签了自己的名字。

此举意味着，原本仅能维持基本生存的朱家，今后可能连一日三餐都保证不了，但朱自清坚信签名之举是正确的，每一个有良知、讲气节的中国知识分子，都不能逃避个人的责任。

1948年8月6日凌晨，朱自清胃痛加剧，直至无法忍受。陈竹隐急忙送他去医院，结果是胃溃疡最严重的并发症——胃穿孔。手术后，他脱离了危险，所有的人都松了一口气。

然而仅仅过了几天，他的病情又再次突然严重起来。这一次，医术最高明的大夫都已无力回天了。

朱自清躺在病床上，十分虚弱，连喘气似乎都要费很大的劲儿。此时的他，已经是形销骨立，形容枯槁了。家人都默默地站在他的病床边，每个人都有无数的话想要对他说，可是谁都说不出一句来。

他闭着眼睛，五十年的光阴一页页翻过，那肥胖的、穿着青布棉袍黑布马褂的父亲的背影，时常浮现在心头；清华荷塘的月色应该还是那么朦胧柔和吧，可是，"妻在屋里拍着闰儿"的温馨画面却永远不会再现了，是啊，那温婉贤淑的谦离开自己已近二十年了，自己终于能够好好陪陪她了；这个家就要完全交给陈竹隐了,她一定会打理得很好,只是自己真的欠她太多太多了……

好了,就要离开这个世界了,疲惫的心终于不用再竭力跳动了,朱自清也终于可以好好休息了。努力地睁开眼睛,再望一眼亲爱的妻子和孩子,他似乎舒了一口气。

可是忽然,他好像又想起了什么,吃力地拉着陈竹隐的手,对她说出了平生最后一段嘱托:"研究院的试卷还没有批改完,请浦江清先生代为评阅。还有件事要记住,我是在拒绝美援面粉的宣言上签过名的,我们家以后决不能买美国面粉!"

行色匆匆的旅人,终于停下他疲倦的脚步,安然睡去了。然而活着的人却为之悲伤不已。

清华大学第一次为一名教授的去世而降半旗;各地的读者和朱自清以往的学生纷纷赶来吊唁恩师;最哀痛的就是陈竹隐了,她用笔墨混合着泪水为逝去的丈夫写下了祭文:

呜呼佩弦,中道惨殂,生者何堪,死者何苦。儿女天涯,散而难聚,稚子无知,依依索父。呜呼佩弦,相依迄今,一十七年,甘苦患难,历久弥坚。方期白首,共证前缘,如何撒手,永别人天。忆君平生,肝胆相照,忠恕廉直,热肠古道,哀哉斯人,天胡不吊,摧我琴瑟,丧我先导。值君之幼,奔走四方,及君既长,诸苦备尝。家道艰虞,锐身独当,尽瘁学术,竟以病殇。呜呼佩弦,秋风泱泱,愁思茫茫,楚些有恨,韭露无常,东西南北,魂兮何往,诚其可通,来格来尝。呜呼哀哉!尚飨!

朱自清去世后，刚强的陈竹隐秉承丈夫的遗志，宁可全家人忍饥挨饿，也坚决不去领美国的"救济粮"。

失去父亲的几个孩子里，最小的只有七岁，还完全不懂得桌上那张遗像对自己意味着什么。陈竹隐用孱弱的双肩，担负起了孩子们的教养责任。

她一向将武钟谦的孩子视若己出，一视同仁，甚至还给予了他们更多的一份关爱。在朱自清所有的孩子里，只有长女采芷读完了大学，那时候正是他们经济最困难的时候，朱自清甚至都有让她弃学的念头。但陈竹隐坚决不同意，四处托人帮忙，终于让采芷顺利地毕业。

朱自清与陈竹隐的爱情，既没有轰轰烈烈、激荡人心的炽热，也没有波澜起伏、扣人心弦的经历，但是，谁又能说他们的感情不令人为之动容呢？

这份相濡以沫的爱情，才是真正的浪漫！

徐志摩与陆小曼

许你繁花似锦

"眉,我恨不得立刻与你死去,因为只有死可以给我们想望的清静,相互的永远占有。眉,我来献全盘的爱给你,一团火热的真情,整个儿给你,我也盼望你也一样拿整个儿、完全的爱还我。"

"眉,你知道我怎样的爱你,你的爱现在已是我的空气与饮食,到了一半天不可少的程度,因此我要知道在你的世界里我的爱占一个什么地位?"

"眉,我是太痴了,自顶至踵全是爱,你得明白我,你得永远用你的柔情包住我这一团的热情,决不可有一丝的漏缝,因为那时就有爆裂的危险。"

"摩!快不用惆怅,不必悲伤,我们还不至于无望呢!等着吧!我现在要去寻梦了,我知道梦里也许更能寻着暂时的安慰,在梦里你一定没有去海外,还在我身边低声的叮咛,在颊旁细语温存!"

……

　　雨送黄昏花易落,一片幽情冷处浓。忠厚柔艳的绝世名媛,热情诚挚的不二才子,四目遇合藉放火花,两心交会岂无风情。他爱着她,爱在眼里,爱在心里,眼波流转怎惧离经叛道;她爱着他,爱在骨里,爱在肉里,骨肉相连不畏沉疴旧念。幸好,上天的偏爱,捏了一个她,又造了一个他;一场烟花的绚烂,一语成谶的爱恋。追忆那惊鸿一瞥的注定,惘然那半累一生的宿命。

我是天空里的一片云

徐志摩在认识陆小曼之前已经有过两段情感经历。

早在1915年，十八岁的徐志摩刚刚中学毕业就被父亲徐申如唤回浙江海宁的家中，与上海宝山的一个十五岁女孩张幼仪拜了天地。

徐志摩祖上世代经商，父亲徐申如也是浙江当地有名的实业家，在他的辛苦操劳下，徐家家业兴隆。而张幼仪娘家的声望势力也不可小觑。

张家是有名的巨富之家，张幼仪的二哥张君劢曾创办过中国民主社会党；四哥张公权曾任中国银行董事长。徐张两家联姻可谓门当户对，任谁看这都是一桩令人称羡的婚姻。

可是年轻气盛的徐志摩却偏偏不喜欢自己的妻子，不满意自己的婚姻。据说，他第一次看到妻子的照片时就极为鄙视地说了句"乡下土包子"。其实从照片上看，张幼仪的相貌虽然并不柔媚惊艳，但绝对是标准的传统贤妻之相，温婉端庄。

不过，张幼仪深得公婆的宠爱和信赖，从不跟家人计较什么，对徐志摩也十分温厚包容。渐渐地，徐志摩也并不像开始时冷冷地拒她于千里之外了。

婚后第二年，志摩收拾行囊北上，进入北京大学法科学习。又过了两年，他便起程赴国外读书了。

他先是在美国留学两年，后来又因为仰慕英国哲学家罗素而追随其来到英国。不料罗素此时已经因为写了一篇文章而被判入狱，徐志摩只得在伦敦大学聊度时光。

不过，正是在这里，他遇到了自己平生第一次浪漫的爱情。

我是天空里的一片云，

偶尔投影在你的波心。

你不必讶异，

更无须欢喜，

在转瞬间消灭了踪影。

你我相逢在黑夜的海上，

你有你的，

我有我的，方向；

你记得也好，

最好你忘掉，

在这交会时互放的光亮！

这首《偶然》是徐志摩早期新诗代表作，是写给他魂梦相系的心中女神林徽因的。

虽然两人最初相识时，林徽因还只是一个美丽纤弱的少女，而徐志摩已经是一个两岁孩子的父亲了，但这丝毫没有影响到诗人火热情感的爆发。

一封又一封滚烫的情书，一次又一次痴情的邀约，一首又一首动人的诗歌，让从未经历过恋爱的林徽因既感到羞涩甜蜜，又有些招架不住，甚至不得不让自己的父亲代为回信。

林徽因堪称一代佳人才女，既有中国传统的文化底蕴，又有在西方熏陶多年的眼界和气度。这样自然会立刻进驻诗人的心房，像一支蜡烛，点燃了他生命中的热情。

谈书画、谈琴艺、谈哲学、谈人生……康河的柔波里从此便时常泛映着徐志摩与林徽因畅快笑谈的身影。

此时，张幼仪已来到英国与徐志摩团聚，负责照料他的生活起居，夫妻俩的生活也算平静安宁。

可是自从迷恋上了林徽因，徐志摩的心便再也回不来了。

张幼仪已经怀上了他们第二个孩子，但徐志摩得知后却冷冰冰地丢给她一句"把孩子打掉"。不知所措的张幼仪只好投奔了正在德国柏林的二哥张君劢，并在那里生下了次子彼得。

1922年，徐志摩与张幼仪在德国离婚，张幼仪跟着二哥继续在柏林留学。

满心欢喜的徐志摩以为自己终于扫清了所有障碍，终于可以用一方纯净的神龛迎回梦中的女神。然而，莫测的命运却和他开了一个极大的玩笑。

就在徐志摩逼着张幼仪签下离婚协议的时候，林徽因已同父亲扬帆起航回到了国内。聪明而理性的她最终还是没能接受天性飘逸浪漫的诗人徐志摩，而是选择做了梁启超的儿媳，嫁给了他的儿子——温雅稳重的梁思成。

不久后，徐志摩也追随林徽因回国，可是等待他的却是林徽因明确的拒绝以及梁思成林徽因即将双双赴美留学的消息。

美妙幻梦破灭了的徐志摩，心中荒凉得如同一片寥落旷野。他只得将全部精力都投入到文学创作之中，在诗的梦幻里寻找最纯真的自我。

徐志摩天生才华横溢，他回国后在文学界可谓是如鱼得水，写作诗歌、发表文章、研究戏剧，还与朋友们共同创办了中国现代文学史上最著名的文学团体之一——新月社。

不仅如此，徐志摩在感情上的空白也很快就被另一名女子填充满了。

一朵幽兰藏深谷

在认识徐志摩以前，林徽因还只是一个养在深闺人未识的小女孩，她是从徐志摩的诗歌中缓缓走到众人面前的。而陆小曼则不同，她只比林徽因大一岁，但早已成为轰动京师、美誉远扬的绝世名媛了。

论家世，陆小曼出身世家望族，祖上名臣辈出。她的父亲陆定毕业于日本早稻田大学，并且加入了同盟会，在国民政府供职长达二十余年。陆小曼的母亲吴曼华堪称大家闺秀的典范，长于古文，更擅丹青，琴棋女红无一不精。陆小曼身上的名媛气质是深深受到母亲影响和教导的。

论相貌，说她是倾城倾国也一点儿不过分。现今存世的陆小曼的黑白照片，并未真正展现出她的风采，所有亲眼见过她的人都说陆小曼不上相，本人比照片好看了不知多少倍。她的美丽得到了诸多当时社会名流的极高赞赏。

梁实秋赞美过她："面目也越发清秀端庄，朱唇皓齿。婀娜娉婷，在北平的大家闺秀里，是数一数二的名姝。"

顾维钧直截了当地夸奖她："陆建三的面孔一点也不聪明，可是他女儿陆小曼小姐却那样漂亮、聪明。"

她的好友、郁达夫的夫人王映霞也由衷地称赞道："她毫未修饰，这说明了她的心境，但她依然是美丽的，宛如一朵幽兰，幽静而超然地藏匿在深谷中。"

甚至连徐志摩的前妻张幼仪都不得不坦言："吃晚饭的时候，我看到陆小曼的确长得很美，她有一头柔柔的秀发，一对大大的媚眼。"

论才华，陆小曼同样出众。就连艺术品位很高、眼光很挑剔的画家刘海粟提起陆小曼都是赞不绝口的："她的古文基础很好，写旧诗的绝句，清新俏丽，颇有明清诗人的特色；写文章，蕴藉婉约，很美。她的工笔花卉和淡墨山水，颇见宋人院本的传统。而她写的新体小说，则诙谐直率。她爱读书，英法原文版小说，她读得很多。"

论交际能力，陆小曼更是无与伦比，足以让当时几乎所有名媛望尘莫及。钢琴、绘画、跳舞、精通英法两国语言的她很快就成了外交领域的一枝名花，接待外宾、担任翻译、组织活动，都是她得心应手、游刃有余的拿手好戏。

况且，陆小曼绝不是只凭美貌和才艺就获得极高赞誉的，她还是一个很有正义感和爱国心的女孩，甚至比男人们更有胆识，更有担当。

有一次，陆小曼在一场为外宾举办的晚会中担任翻译。有一个外国人极为鄙视地说："这么乱糟糟的节目怎么能拿到台上来表演呢！"陆小曼听了，既郑重严肃又很有礼貌地对他说："这都是我们水平最高最有品位的节目，你们只是欣赏不了罢了"。

还有一次中外宾客齐聚的宴会中，有一些法国人故意拿烟头去烧中国孩子手中的气球，看到孩子被突然炸响的气球吓得大哭，他们就哈哈大笑。在场的中国官员虽然十分愤怒但又不能发作，只能忍气吞声。但陆小曼却毫不退让，她以牙还牙地拿起烟头去烧法国孩子的气球，同样把他们吓得哇哇直哭。那些外国人看得直发愣，却又不得不佩服这个女孩的胆量和气魄。

陆小曼被称为一代名媛，誉满京城，绝对是当之无愧的！她气质美如兰，才华馥比仙；她自由自在，傲然绽放着自我的本真；她被朋友们称赞为"宅心仁厚"，面对外国人的欺侮又表现出毫不示弱的气势，不失尊严，真称得上是琴心剑胆，女中丈夫。

就像徐志摩自己对陆小曼所说："眉，你的福分可也真不小，当代贤哲你瞧都在你的妆台前听候差遣。"

终生追求爱与美的徐志摩一见到陆小曼，便在瞬间沦陷在她那双诗意的美目中了。正如徐志摩好友郁达夫所说："忠厚柔艳如小曼，热烈诚挚若志摩，遇合到一道，自然要发放火花，烧成一片了。"

可惜，他们爱情的火焰点燃在错误的时间里，以至于将两个人都灼烧得遍身是伤。

徐志摩与陆小曼相识时，陆小曼已经被称作"王太太"了。她的丈夫王赓，从清华大学毕业后便赴美留学，又在美国西点军校接受陆军教育，回国后在北洋政府任陆军上校。前途大好的王赓理所当然地雀屏中选，成为陆小曼父母眼中的佳婿。从议婚到结婚只用了不到一个月时间，当时的人们都称之为"开特别快车"。

就这样，十九岁的陆小曼在父母的意愿和安排下，迷糊而顺从地嫁做了人妇。外交部的工作自然不做了，舞场也不能常去了，王太太只能安安心心地坐在家里，过着像母亲一样相夫教子的生活。

没过多久，新婚的新鲜感就消磨尽了，陆小曼发现自己的丈夫实在是一个把家当成军队，把军队当成家的人。他的生活太刻板太严肃了，好像一只提前设定好时间的闹钟，到哪个钟点就做哪件事情，从不含糊。

而且他还不愿意让陆小曼抛头露面，更不喜欢她常去跳舞。甚至还在同伴来约陆小曼去舞场时，在家门口数落她，让她既扫兴又难堪。

这个时候，徐志摩恰到好处地出现了。他早就听好友胡适说过，陆小曼是北京城一道不可不看的风景，到了京城不见见陆小曼就等于没来。

现在他不但见了，而且还爱了。

请和我在红尘中相恋一场

王赓的性格和生活方式对于一向自由活泼的陆小曼来说，真是难以适应。尽管丈夫可以给她提供足够她整日挥金如土的财富，可是没有温存没有关爱没有乐趣的家，钱再多，又有什么意义呢？陆小曼从来就不是只看重钱财、只要有钱就万事大吉的女子。

陆小曼父母一共生了九个孩子，但只有她一个活了下来，所以她从小就是父母掌上的明珠，集全家的宠爱于一身。况且如陆小曼这般兰心蕙质的精致女子，是需要被捧在手心里细心呵护的。

王赓本来就不懂得什么浪漫情调，而且常常公务繁忙，没有太多的时间陪伴自己的娇妻。陆小曼就像一枝鲜艳欲滴的红玫瑰，在盛放的季节里却失去了园丁的照料，只得在温室的营养土中落寞地生长。

而徐志摩的出现，则让陆小曼的天空重现了光辉。跳舞、看戏、郊游、会友……陆小曼这枝红玫瑰终于被带出了慵懒的温室，尽情地享受阳光雨露的滋润，越发显得光彩照人了。

事实上，徐志摩与陆小曼的频繁交往王赓是知道的，也是同意的。虽然他不希望陆小曼过多出入于交际场所，但又因为不能经常陪伴照顾爱妻也有些愧疚。所以每遇陆小曼孤单，想要出去走走时，他总是抱歉地说："我没空，让志摩陪你去吧。"若是徐志摩来邀请他们夫妇同游，王赓也总是抱歉地说："我没时间，让小曼和你一起去吧。"

古板老实的王赓从来也没有想过，让那个多情而寂寞的朋友去陪伴自己那同样浪漫且孤独的妻子是有多么大的危险。

终于，陆小曼和徐志摩隐秘的恋情被发现了，整个京城街头巷尾都在议论纷纷。很快，王赓也知道了。被朋友和妻子双双背叛的他可以想象有多么愤怒了，据说他曾拔出枪，扬言要杀掉徐志摩。

但一切都太晚了，即使徐志摩真的毙命于王赓的枪口下，也已无法阻止他与陆小曼情感的汹涌决堤，所以选择成全了他们。

"眉，我恨不得立刻与你死去，因为只有死可以给我们想望的清静，相互的永远占有。眉，我来献全盘的爱给你，一团火热的真情，整个儿给你，我也盼望你也一样拿整个儿、完全的爱还我。"

"眉,你知道我怎样的爱你,你的爱现在已是我的空气与饮食,到了一半天不可少的程度,因此我要知道在你的世界里我的爱占一个什么地位?"

"眉,我是太痴了,自顶至踵全是爱,你得明白我,你得永远用你的柔情包住我这一团的热情,决不可有一丝的漏缝,因为那时就有爆裂的危险。"

出身于世家大族的小姐,在行为举止、处事礼仪上都受到严格的教导和约束。陆小曼的父母允许她小小年纪就驰骋社交界已经是非常开明了,而当陆小曼出嫁后,又是嫁给王赓这样一位乘龙快婿,他们自然是希望她能好好地做一个贤淑的媳妇。何况在这方面,陆小曼的母亲就堪称名媛典范,真正的仪态万方,宜室宜家。

有许多女子,她们由于命运错误的安置,并没有过上心中所愿的幸福生活。可是为了道德的钳制,为了贤德的良名,为了不被千夫所指,她们只得含泪屈从命运,把自己一生的幸福都交付给虚空孤寂的青春。

然而陆小曼却并不愿意做这样的女子,她不要别人对她的生活指手画脚,在别人的赞美或是指责中一点一点砍掉自己的棱角锋芒。她要活出真正的自我,她愿是一叶小舟,永远在自己内心恣意倾泻的情感之河中畅快漂流。只要能和相爱的人在红尘中相恋一场,死也是值了。

可是在那样的年代里,陆小曼的想法非但不合常理,反而是违背世俗道德,不被世人所容的。自从她与徐志摩的恋爱现于世人面前以来,受到的冷嘲热讽、侮辱咒骂数不胜数。人人都指责她以有夫之妇的身份勾引别的男人,说她是"妖妇""祸水"。

每个人都羡慕她出身高贵,生活优裕;羡慕她貌似天仙,才华过人;羡慕她不用劳作就能过着纸醉金迷的生活。可是又有谁的目光能够穿过她用来掩饰哀伤的盈盈笑脸,看清她心底深处的苦恼与孤寂呢?又有谁能够在一片虚假的揖让进退中给她一份最真最纯的理解的微笑呢?

幸好,幸好,上天极为偏爱地造出了一个陆小曼,又极为偏爱地造出了徐志摩,还让这两颗晶莹剔透而又蕴含着苦闷的心拥有得以碰撞的机缘。

别人不理解陆小曼,徐志摩理解;别人只看到陆小曼的浮华,徐志摩却能感受到她内心深处的落寞;陆小曼盛装时的奢华令所有人惊叹,唯有徐志摩独爱她朴素的高贵。在徐志摩眼中,陆小曼"穿戴齐整的时候当然是好看,但那好看是寻常的,人人都认得的,素服时的眉,有我独到的领略"。

从小生长于翠绕珠围富贵之家的陆小曼,却并未被纸醉金迷蒙住眼睛,她既不贪慕虚荣,也不爱慕钱财。她只在日记中吐露了心里话:

我只要一个安乐的家庭,如心的伴侣,谁知连这一点要求都不能得到,只落得终日里孤单的,有话都没有人能讲,每天只是强自欢笑的在人群里混。

她只愿要一个安宁快乐的家,要一位彼此知心的终身伴侣便足矣。可是她连这心愿也无法实现,别人只看到她整日流连于舞场戏院,便以为她是一个只要有漂亮衣服,有享乐方式就能够得到满足的庸脂俗粉。

唯有徐志摩最懂她。

在陆小曼心里，徐志摩"简直能真正了解我，我也明白他，我也认识他是一个纯洁天真的人，他给我的那一片纯洁的爱，是我不能不还给他一个整个的圆满的永没有给过别人的爱"。

陆小曼之爱徐志摩，并非爱其表面的风流倜傥；徐志摩之爱陆小曼，也并非被其风姿绰约而吸引。他们的相爱是基于外表而扎根于内在的，是真正的心有灵犀，惺惺相惜，是全部身心和灵魂的相互交融。他们就像两团炽烈的火焰，互相亲吻着，灼烧着，彼此完全融化在了对方的身心之中。

你归来，我盛开

在一片反对、嘲讽、羞辱声中，两个年轻的恋人不得不做出痛苦的决定：让徐志摩暂避国外一段时间，也许只有清新的海风才能让那两颗火热的心冷却下来吧。

那天，新月社的挚友们为徐志摩饯行，陆小曼也去了。她与徐志摩相对而坐，彼此看得见对方却又不能近前相互倾诉安慰。当晚，陆小曼大醉，别人劝她回去休息时，她只是大声辩解："我没有醉，我是心里苦。"

徐志摩临走前曾与陆小曼相约，两人互不写信，不通音讯。可是他们谁都没有遵守这个约定。

徐志摩在走前的那一晚就给陆小曼写了一封长信，到国外后也一直没有间断，甚至他还给陆小曼母亲写过几封，向她坦白地说明自己与陆小曼的真挚感情，请求她允许自己和陆小曼交往。

而陆小曼也同样被刻骨的思念折磨得日渐消瘦。徐志摩走前曾经对她说，如果有话想要对他说，就写在日记里，等他回来后就当作信来看。于是陆小曼便开始在日记本上娓娓诉说着她对徐志摩的爱恋和相思。

徐志摩此次出国，一路的行程见闻统统在信中向陆小曼详细报告。他的信一封接一封飞到陆小曼手中，他也不断地催促陆小曼多多给他写信，多多记日记，不断地鼓励她要勇敢要振作，为了他们的爱情冲破一切障碍：

"龙儿，你究竟认真看了我的信没有？为什么回信还不来？你要是懂得我，信我，那你决不能再让你自己多过一半天糊涂的日子；我并不敢逼迫你做这样，做那样，但如果你我间的恋情是真的，那它一定有力量，有力量打破一切的阻碍，即使得渡过死的海，你我的灵魂也得结合在一起——爱给我们勇，能勇就是成功，要大抛弃才有大收成，大牺牲的决心是进爱境唯一的通道！"

留在国内的陆小曼心中又何尝不是焦灼而苦痛的呢！

她十分矛盾，有时候会为自己影响了徐志摩的声誉和前途而悔恨内疚，她在日记中写道："我投进你的生命中也许是于你不利，也许竟可破坏你的终身的幸福的，我自己也明白，也看得很清，而且我们的爱是不能让社会明了，是不能叫人们原谅的。"

有时候她又因为太过在意别人的闲话，催徐志摩出国，之后又后悔，无法克制自己奔涌爆发的感情："摩！你放心，我永远不会叫你失望就是，不管有多少荆棘的路，我一定走向前去找寻我们的幸福，你放心就是！"

这一对恋人的计划，从徐志摩离开的那天起就被彻底打乱了。他们不但没有不通音信，反而鸿书相传愈发频繁；他们的感情不但没有冷淡下来，反而因为遥远的思念而变得更加浓烈；他们原本向社会、向旧道德妥协的念头，反而在彼此心灵的碰撞交会中改变了方向，以至于两人双双下定决心要向全社会、所有人宣战！

陆小曼开始不断地反抗，一次又一次地同家人大哭大闹。她流着泪反问母亲："一个人做人是自己做呢还是为着别人做的？"她不愿意为了博得别人一句赞美而牺牲掉自己永久的幸福。

可是徐志摩远在千里之外，单凭陆小曼一个人的力量又怎能扭转局势呢？几次三番哭闹生气下来，本就体弱的陆小曼郁郁地病倒了。

心急如焚地徐志摩很快回到了国内，开始四处活动，请各路好友帮忙，以便他和陆小曼能够早日修成正果。

事实上，徐志摩能与陆小曼顺利结合，他的一干好友的确功不可没。胡适替他劝说他的父亲徐申如，刘海粟替他劝说小曼的母亲吴曼华，另有郁达夫、赵清阁、陶孟和等好友为他们进行"舆论宣传"。比如，郁达夫就激情澎湃地赞叹："我佩服志摩的纯真与小曼的勇敢到了无以复加。假使我马上要死的话，在我死的前头，我就只想做一篇伟大的史诗，来颂美志摩和小曼！"

终于，在一群亲朋好友的热心张罗下，由刘海粟做东，在功德林素菜馆设宴。请来参加这次宴席的有陆小曼的母亲、王赓、徐志摩、陆小曼、张幼仪的哥哥张君劢以及其他几位好友。

中国文人向来有"君子成人之美"的传统，但这次宴会却是要拆散别人的姻缘，是一次"爱情鸿门宴"。在座宾主，虽然各人都藏着一段心事，但又都是有身份、有修养的，所以尽管他们之间关系复杂而微妙，甚至有一些紧张，气氛却十分平和融洽。

席间，刘海粟及几位好友大谈自由恋爱的好处，并对"没有爱情的婚姻"大加指责。推杯换盏、把酒畅谈之间，聪明的王赓怎么会不明白大家的意思呢。

于是，酒过三巡，他起身举杯向大家敬酒，说他也认为婚姻没有爱情做基础是不道德的，也是不幸福的，他希望在座的每个人都能找到自己的幸福。

说完，一饮而尽，之后便礼貌地借故离开了。

这场"鸿门宴"终于取得了预想的效果，陆小曼即将重获自由之身！

据梁实秋回忆，事后王赓曾找到徐志摩，对他说："我们大家是知识分子，我纵和小曼离了婚，内心并没有什么成见；可是你此后对她务必始终如一，如果你三心二意，给我知道，我定以激烈手段相对的。"

徐志摩对陆小曼的爱轰轰烈烈，人尽皆知，而王赓又何尝不爱自己的妻子呢？只不过他爱得深沉，爱得冷静，不如徐志摩那般热烈罢了。面对陆小曼的出轨，他选择了放手，选择了成全，选择了独自吞咽背叛的苦酒，而把生机和希望给了陆小曼。谁又能说他对陆小曼的爱不是真爱？谁又能说他给陆小曼的爱比不上徐志摩所给予的呢？

　　陆小曼这边的难题都一一解决了，而徐志摩远在硖石老家的父母却还跟儿子怄着气。因为在他们心里，只承认张幼仪这一个儿媳。

　　善良又坚强的张幼仪不仅符合传统意义上贤妻良母的所有标准，而且还兼具新时代女性的难得才干。与徐志摩离婚后，张幼仪在德国留学数年，回国后在上海东吴大学教德语；还曾担任上海女子商业银行副总裁。她与几位亲友创办了引领当时时尚潮流的"云裳服装公司"，并出任总经理。就连徐家的产业也都渐渐交由她来管理。

　　徐申如夫妇对张幼仪这个儿媳十分满意，尽管儿子与她离了婚，但他们舍不得让她走。老两口儿将张幼仪认作干女儿，让她继续生活在徐家。

　　现在儿子又要与另一个女人结婚了，徐申如有些生气，张幼仪这些年的孤独和隐忍他都看在了眼里，他觉得是徐家对不起张幼仪。

　　所以当徐志摩想要征得父母同意他与陆小曼的婚事时，徐申如夫妇便去询问了张幼仪，只有她同意了，他们才肯应允。

　　自然，张幼仪没有为难自己的前夫，她点了点头，同意了。

　　经过了重重阻碍和波折，1926年10月3日，徐志摩与陆小曼的婚礼终于如期举行了。

　　这天，赵元任、陈寅恪、金岳霖等友人都专程赶来参加他们的婚礼，特别是担任伴郎的金岳霖，从来只穿西服，为了符合婚礼规定，他特意向陆小曼的父亲借来了长袍马褂。

婚礼的仪式简单而又庄重，可是不久就发生了惊世骇俗的一幕。作为证婚人的梁启超，竟然旁征博引地将一对新人痛骂一顿，最为严苛的指责如下：

"徐志摩，你这个人性情浮躁，所以在学问方面没有成就。你这个人用情不专，以致离婚再娶……你们两人都是过来人，离过婚又重新结婚，都是用情不专。以后痛自悔悟，重新做人！愿你们这次是最后一次结婚！"

如此证婚词令在场所有来宾都目瞪口呆，唏嘘不已，徐志摩更是羞惭不已地上前请求老师给自己一点面子，不要再继续说下去了。而陆小曼倒好像没事人一般，懵懵懂懂的。后来大家才知道，陆小曼婚礼前一晚吃多了安眠药，根本就没有听清梁启超在说什么。

梁启超如此气愤也是有原因的。首先自然是因为徐志摩和陆小曼都是再婚，他们都为了新欢抛弃了自己原来的伴侣，为世俗所不容。特别是陆小曼，虽然是"恨不相逢未嫁时"，但她却并未"还君明珠双泪垂"，反而拼尽全力将明珠抱在怀里。

而且，徐志摩从前是为了追求梁启超的儿媳妇林徽因才和张幼仪离婚的，追求不成又转而抢走了好友王赓的太太。要知道，王赓是梁启超的得意弟子。虽说手心手背都是肉，陆小曼嫁给谁都是"肥水不流外人田"，但说到底这种行为也是为人所不齿的背叛。

更为诡异的是，不知是梁启超预感到了什么，还是他的话本身就暗含着某种预示。他在第二天给儿子梁思成和儿媳林徽因的信中说:"徐志摩这个人其实很聪明,我爱他,不过这次看着他陷于灭顶,还想救他出来。我想他若从此见摈于社会,固然自作自受,无可怨恨,但觉得这个人太可惜了,我又看着他找得这样一个人做伴侣,怕他将来痛苦更无限,所以对于那个人当头一棍,盼望他能有觉悟(但恐很难),免得将来把徐志摩弄死,但恐不过是我极痴的婆心便了。"

梁启超所说的"那个人"指的就是陆小曼,而他的担心和忧虑竟然会一语成谶,在后来变成残酷的现实。

此身在,情常在

婚后,徐志摩带着陆小曼回到了家乡硖石。徐申如虽然并不接纳陆小曼这个儿媳,但对于独子徐志摩的爱却是丝毫不减的。还在商量婚事的时候,徐申如就开始为他们建造新楼房了。

可是没过多久,老两口儿就因为看不惯陆小曼养尊处优的娇小姐作风,愤愤然北上,去找张幼仪和阿欢团聚了。

这让陆小曼十分没面子,徐志摩也气得质问张幼仪,是不是她从中作梗挑唆两老的。他自己也在给陆小曼的信中说:

"我家欺你,即是欺我:这是事实。我不能护我的爱妻,且不能护我自己:我也懊懑得无话可说。"

不管怎样,徐志摩与陆小曼终于如愿以偿地结为了琴瑟之好,开始享受如胶似漆的新婚生活了。这对历尽苦难终成正果的小夫妻都很珍惜这份姻缘,彼此之间也是金玉和鸣,恩爱有加。

陆小曼在徐志摩的督促和鼓励下又拿起了画笔,开始认真作画;徐志摩的诗情也因为陆小曼的滋养而越发灵动而浓烈。他还与胡适等好友共同创办了新月书店,并任《新月》杂志主编。

生活似乎就像徐志摩对胡适所说的,一切苦难都过去了,他与陆小曼在蜜缸里浸着,剩下的只是甜。

可是,这种甜美的生活并没有持续多久就变质了。

陆小曼生在富室豪家,未出嫁时就是京城最会花钱的阔小姐。与徐志摩结婚后,她依然过着珍珠如土金如铁的生活。特别是迁居上海后,陆小曼很快就与那种金光耀目的繁华氛围融为了一体,跳舞、唱戏、捧角……样样不少,样样拿手,整日沉醉在其中。

其实,也并不能因此而苛责陆小曼的奢侈,只能说是花根本艳。因为她从小过的就是这样的生活,对她来说,这也许只是很平常的消费,根本算不上是挥霍。

但这就害苦了徐志摩。

徐申如一直不承认陆小曼这个儿媳,所以对他们的经济资助有所限制。陆小曼又不做事,全家的日常开销都要徐志摩一个人负担。

为了满足爱妻的生活需求,徐志摩同时在几所大学任教,还要翻译国外著作、写诗文投稿来赚钱贴补家用。胡适邀请徐志摩到北京大学兼课,一来又多了一份收入,二来也能换换空气,改善一下心情。

这样一来,徐志摩就得辛苦地北京上海两地跑。他跟陆小曼提过很多次,希望她能同意搬到北京来住,这样就省去了两地奔波的疲累。但陆小曼就是不答应。她已经完全爱上了上海的奢靡热闹，根本不舍得离开。

而且，陆小曼由于体弱多病，经一位医生建议吸食了一些鸦片治疗。但没想到她竟然渐渐上瘾，只要在家中，必定是懒懒地躺在烟榻上吞云吐雾。徐志摩几次三番地劝她戒烟，但无济于事。当时，只有在上海的租界里才不限制抽大烟，陆小曼恶瘾难除，自然也就不想迁居别处。

其实，徐志摩也是自小生活在锦衣玉食之中的，从没有因为缺钱而烦恼过。所以他才会有那么纯净而唯美的诗性，才会成为一个平生追求爱和美的理想主义者。倘若他整天为填饱肚子而发愁，又何来那番令人赞叹的诗情画意呢？

现在可好，他从一个理想至上的诗人瞬间蜕变成了精打细算的现实主义者，一个子一个子地节省，恨不得一个钱掰成两半花，有时候因为天凉想多做一件衣服都舍不得，有的衣服破了洞都还舍不得丢弃。

他给陆小曼的家信中越来越少了那些浪漫情话，而是常常大篇大段地汇报收支情况，甚至为了某项额外的开支焦急得睡不着觉。

陆小曼偶尔会因为丈夫的辛劳而感动悔愧，也会信誓旦旦地说一定会再俭省一点。可是多年养成的花钱习惯，又怎是一朝一夕就能改变的呢？过不了多久她便又恢复了往日的锦绣生活。

而且，陆小曼越来越堕落在物质享乐中，从前与徐志摩的心灵交汇已经很少再有了，原来肥沃的精神土壤已变得越来越贫瘠。

但徐志摩却依然深深爱着陆小曼，甚至甘愿违背自己的心意,陪她跳舞、演戏,只为让自己的爱妻感到满足、开心。

徐志摩日记中有这样一段失落而苦涩的自白:"我想在冬至节独自到一个偏僻的教堂去听几折圣诞的和歌,但我却穿上了臃肿的戏袍登上台去客串不自在的腐戏。我想在霜浓月淡的冬夜独自写几行从性灵暖处来的诗句,但我却跟着人们到涂蜡的舞厅去艳羡仕女们发金光的鞋袜。"

曾经那个天真热情的诗人,轻吟着"雪花的快乐",还有着一个"彩虹似的梦",他曾乐观坚定、充满希望地说过:"我将于茫茫人海中访得我惟一灵魂之伴侣;得之,我幸;不得,我命,如此而已。"

如今,千辛万苦才得到的"灵魂之伴侣"已经和自己的心离得越来越远,甚至想要得到一个柔情的拥抱和一封温暖的家信都变得越来越难了。可怜的徐志摩不得不半埋怨半哀求地对陆小曼说:

"你难道我走了一点也不想我?现在弄到我和你在一起倒是例外,你一天就是吃,从起身到上床,到合眼,就是吃。也许你想芒果或是想外国白果倒要比想老爷更亲热更急。老爷是一只牛,他的唯一用处是做工赚钱,——也有些可怜:牛这两星期不但要上课还得补课,夜晚又不得睡,心里也不舒泰。天时再一坏,竟是一肚子的灰了!太太,你恶心字儿都不肯寄一个来?"

断肠人,琴未消

五年的婚姻,幸福与悲哀共存,曾经的神仙眷侣如今却变成了怨偶,诗人身心俱疲。也许是上天不忍看到自己的宠儿如此受苦，便找了一个机会，将他永远地带走了。

1931年11月20日，北平的人们在《晨报》上看到了这样一条消息：

[济南十九日专电]十九日午后二时，中国航空公司飞机由京飞平，飞行至济南城南三十里党家庄，因天雨雾大，误触开山山顶，当即坠落山下。本报记者亲往调查，见机身全焚毁，仅余空架。乘客一人，司机二人，全被烧死，血肉焦黑，莫可辨认，惨状不忍睹……"

消息中提到的"乘客"，便是徐志摩。

由于他常常在北平和上海之间奔波，一位在航空公司做事的朋友就送了他一张长期免费的机票。他原打算搭乘张学良的专机，可是那天临时改期，他为了赶去北平参加林徽因的一个演讲，不想推迟，便用那张免费机票搭乘了一架运送邮件的飞机。

没想到，不幸就这样发生了。

"诗是翅膀上出世的，哲理是在空中盘旋的。"徐志摩曾经这样说过。

他羡慕逍遥的大鹏，翼若垂天之云；他喜欢壁画中的"飞天"，圣洁庄严；他常常吟诵着雪莱的《云雀歌》、济慈的《夜莺曲》。

想飞，一直都是他最憧憬的幻梦，如今他用整个的生命实现了它。

徐志摩走了，陆小曼的魂魄也随他一起去了，从此只剩一副干瘪的躯壳漠然游荡。徐志摩对陆小曼的爱自然是从一而终，不曾减少过一分的，而陆小曼又何曾不爱徐志摩呢，只是婚后渐渐趋于平淡的生活似乎让她忽略了这种爱。

徐志摩的死，好像一口铜钟被重重撞击，震得陆小曼撕心裂肺，也震醒了她那颗颓废的沉睡着的心。她就像一只凤凰，浴火重生了。

从此，陆小曼远离了戏院舞场，终身素衣疏食；她请汪星伯教她作诗，寄托对徐志摩的哀思；她又拿起了尘封的画笔颜料，拜贺天健与陈半丁为师学画；与王亦令合译《泰戈尔短篇小说集》、小说《艾格妮丝·格雷》，合编了通俗故事《河伯娶妇》；后来她还努力戒了烟。

徐志摩生前一直都在劝说陆小曼发奋起来，不要浪费那份可贵的天赋，甚至在徐志摩遇难的现场，人们还发现了一幅保存完好的陆小曼的画作，那是徐志摩打算带到北平请名人给她题字的。

陆小曼希望能够用自己的振作，去抚慰那地下有知的爱人。

还有一件陆小曼很久之后才知道的事。那是徐志摩求她迁居北平而她无论如何也不答应的时候，徐志摩的朋友就劝他干脆同陆小曼离婚。而徐志摩却说："小曼是因为我才离婚的，如果我再和她离婚，那她一辈子就毁了，我不能为了自己，不要她。"

徐志摩死后，她的房间里始终都摆放着一幅徐志摩的遗像，遗像前常常供着一束鲜花。

从此她的生命里只有唯一一件重要的事，那就是为徐志摩出版作品全集。为了这套全集，陆小曼独自护着一大包手稿艰难地度过了几十年。

徐志摩去世后第二十六年,他的诗选终于出版了。这个带着无限希望的好征兆,令陆小曼狂喜,徐志摩一生的心血将不会被泯灭了!

在硖石老家,徐志摩的墓前,陆小曼曾作诗一首:

> 肠断人琴感未消,此心久已寄云峤;
> 年来更识荒寒味,写到湖山总寂寥。

徐志摩曾经赞叹天才诗人雪莱遇风暴覆舟而死,将名字永远写在了水波里。而上天则给徐志摩安排了一种更加奇特炫目的死法——在空中爆裂而死,他是将名字永远镌刻在了一团火焰里。

徐志摩与陆小曼,在激情中求得心安,在烈焰里获得温暖,两个勇敢吻火的人终于用自己的整个灵魂与生命书写了一段惊世绝恋。在迷蒙的天空中,依稀可以看到徐志摩用纯真与光明的信念铸成的心语:

> 我将于茫茫人海中访得我惟一灵魂之伴侣;
> 得之,我幸;
> 不得,我命,
> 如此而已。

倘若要评选中国近代史上最具炽烈感情的情书,徐志摩与陆小曼一对璧人共同书写的《爱眉小札》一定高居榜首。

即使不去品味这些包含挚情的内容,单是看他们彼此的称呼和落款:"爱眉亲亲""你的亲摩""眉眉至爱""我唯一的爱龙"……也足以令我们这些局外人感到耳热心跳,更不用说两位当事人的心海会翻起多少汹涌的波涛了。

曾有人说,在爱情方面,民国年代就是徐志摩与陆小曼的年代。

一对恋人,他们该有着怎样惊世骇俗的恋爱,该有着怎样的浪漫与风华,才能够代表整整一个时代的爱情,才能够在历史的河床上永久地沉淀下他们的名字。

不只是他们郎才女貌、诗情画意惹人嫉羡。

也不只是他们夺人所爱、离婚再嫁遭人非议。

当纯真豪爽的徐志摩在一团烈焰里飞升天国的时候,当明媚的陆小曼在孤寂的日子里渐渐老去的时候,也许,只有那本泛黄的《爱眉小札》才能够告诉人们:曾经一对相爱的人,是如何艰难地挡住了伦理纲常与宗法家风的侵袭,勇敢而骄傲地携手维护彼此的挚情;那段充满了幸福与灼痛的轰轰烈烈的爱恋,依然静静地发散出唯一而永恒的荣光。

徐悲鸿与孙多慈

慈悲之恋无慈悲

"吾亲爱之慈,汝之真性情,已泯没无馀。一切由强制之伪性情所发出之,理智乃如毫无神气之刊板文章……吾亲爱之慈,吾且忠信断定汝生平为第一次向一异性之人现其桎梏既深之真。如汝最后前一书者。但汝肯平心一度相衡,当审不建我之加于汝者千分之一也,即吾现存死灰之馀烬,较汝自以为热烈者亦高出不知凡几!已矣!已矣!"

"好了,你记住,从现在开始,无论你到哪里,即便是天涯海角,始终有一个人都会关心着你!这个人就是我,徐悲鸿!"

"新城兄,我必须向你坦白,对于我,这个爱,如闪电如雷鸣,已经降临到我身上了。我对孙多慈,已经明显有恋爱的倾向,现在唯一着急的,就是不知道孙多慈对我有没有爱的态度。但愿她不是把我当老师,也不是把我当兄长啊!"

　　一个温柔的目光无意间抚慰了受伤的心灵，此般沉醉一生难寻；一枚深情的闲章不经意间胜过了永恒的誓言，此番表白一世为证。大慈，愿予世间之乐；大悲，愿拔世间之苦。因为懂得，所以慈悲；因为慈悲，所以眷念。震撼那台城夜月的浓厚柔情，悲叹那天目红豆的炽热爱恋。

　　但是，爱是要付出代价的。对于他这样已经历过传奇婚恋的名人，当真有必要再来一次惊动？他不怕世俗，但如今也在世俗的打磨中，多了些微的审慎。

　　不是不爱，是太爱，爱到不能同生共死；不是不念，是太念，念到不能结枕黄泉。耿耿星河，唯有听那一声声呼唤："我的悲鸿……"

红拂夜奔订终身

民国时,江苏宜兴的一个小镇上有一位少年,他家境贫寒,一家老小的生计全凭父亲卖画鬻字来维持。他自小便善画。邻居阿婆去世,他画一幅河边洗衣像送给阿婆的亲人,画中的阿婆恍如真人再生一般,令她的亲人们感恩珍存。有来客拜访而父亲不在,他随手画下客人的肖像,父亲回来后一看便知是谁。

他长大后成了一名大画家,并以画马著称。他笔下的马,一改旧时文人画马流露出的怀才不遇的落魄萧瑟,而是张扬着乐观坚韧、奋发向上的昂扬情怀。你看那一匹匹骏马,或仰天长嘶,或凛凛回首,或奔腾如电,其风神气宇,堪称非凡,驰骋强健,几乎冲破了画面。

然而,人们虽爱他画的马,爱那高昂的斗志、清俊的风骨和奋进的力量,却鲜有人明白他于感情世界中纠结一生的苦闷和辛酸。他那一张张珍品画作,不知浸透了多少爱与悔的血泪!

他,便是中国近代最著名的画界宗师——徐悲鸿。

一天清晨,开往日本的博爱丸轮船在薄薄的雾气中起航了。甲板上站着一对年轻的男女,他们十指相扣,迎着清新的海风,相视而笑。

连日来的紧张与担忧在此刻已被海风吹散,只留下轻松惬意伴着幸福拂过他们的心田,就连手上的两只水晶戒指仿佛也闪烁着爱的光芒。那两只戒指,一只上面镌着"悲鸿",另一只上刻着"碧微"。

徐悲鸿与蒋碧微结识时，都已不再是"自由身"——一个早已娶亲，另一个也已经许人。

徐悲鸿十七岁时便在父母的强迫之下极不情愿地结了婚，他曾为此而离家出走，但很快又被父亲抓了回来。第二年，他的长子出生了，他为这孩子取名为"劫生"，意思是"遭劫而生"。

年轻的徐悲鸿虽然出身贫寒，心中却有鸿鹄之志。他不愿被无趣的家庭生活拖累，便离家到上海读书。可是不久父亲去世了，为了养活一大家人，他只好回到家乡，同时接下了三所学校的教职工作，整天疲惫不堪。

两年后，怀揣着热情与梦想的他再次来到上海，却迟迟找不到谋生之所，一度窘迫到只能靠典当一些破旧的衣物换一点钱，才不至于饿死在灯红酒绿的上海街头。

正当他走投无路时，转机来了。

犹太人哈同创办了一所大学，王国维、康有为等知名人士都被请来任教。某天，徐悲鸿在街上看到了他们征集仓颉画像的通告，便精心创作了一幅仓颉画前去应征。

这幅传神的画像，一送到哈同的花园便震惊了四座。徐悲鸿也被请到了这里，成了贵客。哈同花园的伯乐们极为赏识这匹才华横溢的"千里马"，不仅聘他做了教师，还提供费用送他去复旦公学学习。

徐悲鸿这只悲哀已久的鸿雁终于有机会振翅高飞了。并且他的幸运还不止这些，因为在复旦，他遇到了生命中第一位爱的女神。

蒋碧微出身江苏宜兴的一个名门望族，因为出生时恰巧家中一株海棠盛放，祖父便为她取名"棠珍"。"碧微"这个名字是后来徐悲鸿为她取的。

蒋碧微的父亲蒋梅笙到复旦公学任教时，便带着妻女一同迁居到了上海。他们的居所就在哈同花园附近。于是，蒋梅笙便与哈同花园里的一干风流雅士结为了至交，其中，也包括初出茅庐的徐悲鸿。

在蒋梅笙家里，徐悲鸿见到了二小姐蒋碧微，这个从小养尊处优，又受到良好教育的女孩，举手投足间都散发着优雅的贵族气息。她长相清丽，天生的好皮肤凝白如玉，吹弹可破，尤其令人惊羡。再加上自小学习钢琴和小提琴而熏陶出的音乐气质，难怪会让敏感于艺术氛围的徐悲鸿一见倾心了。

蒋梅笙夫妇对徐悲鸿也非常欣赏，他们曾十分惋惜而无奈地叹气道："要是我们再有一个女儿就好了。"

为什么要再有一个女儿呢？这是因为蒋家的大小姐已经嫁人，二女儿蒋碧微也在十三岁时便许配了人家。所以蒋氏夫妇对徐悲鸿这位东床佳婿的好人选也只能望而兴叹了。

查家是苏州望族，与蒋家联姻是门当户对，而且蒋碧微一个堂姐已经嫁到了查家，这更是亲上加亲了。

可是蒋碧微却对自己这位从未谋面的未婚夫毫无好感，甚至是有些厌恶。

查紫含就读于复旦公学，未来的岳父蒋梅笙恰好是他的老师，他的弟弟又与蒋碧微的弟弟同班读小学。有一次大考前，查紫含让自己的弟弟跟蒋碧微的弟弟说，回家后替他向准岳父索要一份国文考试的试题。此举令蒋梅笙大怒，蒋碧微也十分失望，没想到自己要嫁的人竟然这么没出息，做出如此不齿之事！

然而，查家迎娶的日子即将来临，蒋碧微只能日日愁眉紧锁，唉声叹气。所幸，还有徐悲鸿常来看望她，只是婚姻大事，非同儿戏，虽然徐悲鸿早已悄悄爱上了蒋碧微，但却爱莫能助，只是尽可能给她些安慰和关怀而已。

蒋碧微此时已在极度失落和焦虑中，将内心的天平倾向了徐悲鸿。相比查紫含的卑劣和不求上进，徐悲鸿的光明磊落、那种身处逆境的勇气和信念，对梦想执着的追求都深深感动着蒋碧微。她同情他，钦佩他，崇拜他，直到最终爱上了他。

这个时候，徐悲鸿在老家的妻子已经去世，儿子也夭折了，他倒是无所挂碍。但蒋碧微正有婚约在身，且婚期已近。她与徐悲鸿的结合几乎是不可能的，这也许又是一个有缘无分的古老的悲剧。

不过，蒋碧微并不是一个逆来顺受的女子，她对于自己想要的东西从来都是不顾一切去争取的。爱情也一样。

所以，当徐悲鸿鼓起勇气，偷偷让好友问她是否愿意跟他一起出国时，蒋碧微勇敢地回应了他："我愿意！"

不久，徐悲鸿对亲朋好友宣称他将于某天离沪赴法国留学，只有蒋碧微知道，他正秘密居住在康有为家中，为他们的私奔做着准备。

康有为此时已年近花甲，在政治上是维新变法的主将，在情场上也是老当益壮。他自己在海外时就曾与异国妙龄少女谈过两段"黄昏恋"，对于徐悲鸿和蒋碧微私奔这种在当时社会大逆不道的行为，他也毫无震惊和愤怒之感，反而乐于当他们的月老。他不仅将徐悲鸿藏在家中，暗中帮他准备出国所需，还送给他们一笔钱用作川资。

终于，这一对有情人在"月老"康有为的极力促成下成了眷属，神不知鬼不觉地来到了日本。

在膏粱锦绣之家生长了十八年的蒋碧微，几乎从未体会过生活的磨难与艰辛。痴情的少女为了心中那份纤尘不染的爱，不顾一切地追随着心上人远赴异国他乡。她大概永远都不会想到，自己今后的生活与梦想中的美好相距的竟是那样遥远。

他只爱艺术，不爱我

不管是多么唯美而又浪漫的爱情，只要一落入现实的壳中，都会无一例外地沾惹上柴米油盐的味道。徐悲鸿与蒋碧微，一个是随性自由的艺术家，一个是高门大户出身的千金小姐，谁也不擅长精心管理家庭开支，以至于家中常常是青黄不接。可是字画、旧书、古玩等艺术品却源源不断地挤占着他们并不宽敞的生活空间。

很快，他们带来的钱便用光了。徐悲鸿当时只是崭露头角，到了国外，没有什么名气的他，收入经常捉襟见肘。于是，在山穷水尽，万般无奈之下，他只好带着蒋碧微回到了上海。

蒋碧微当初逃出家中时，曾留有"遗书"一封，令不知情的蒋梅笙夫妇痛不欲生。后来才知道女儿还活着，那惊喜激动的心情已经冲淡了对女儿行为的不满。何况徐悲鸿原本就是他们非常欣赏的，如今木已成舟，做父母的自然也就原谅了他们。

不久，徐悲鸿在康有为的帮助下，前往欧洲留学。在这些年里，他的画技迅速提升，名气也越来越大，请他作画的人很多，润笔费的数目也就十分可观了。

若放在一般家庭，已经可以生活得非常富足舒适了。可到了徐家，再多的钱也经不起那些艺苑珍品的诱惑。徐悲鸿眼光独到敏锐，常常能够发现极具欣赏和收藏价值的艺术品，只要被他的眼睛瞄到的宝贝，他绝对舍得花大价钱将它们收为己有。

可是蒋碧微却越来越难以忍受这一点。自从她跟了徐悲鸿，似乎就与安定适意的生活绝缘了。天南海北、异国他乡，到处漂泊，家中的经济状况也是时好时坏，最困窘时，蒋碧微甚至不得不到百货商场揽一些绣活来贴补家用。

其实，尽管物质条件并不优越，蒋碧微最初也并未有过任何怨言。她是真心爱着徐悲鸿的，否则也不会为了他，甘愿舍弃豪门婚约，从一个富家小姐变成家里家外忙忙碌碌的家庭主妇。

真正令她感到失落的，是徐悲鸿日益减少的关爱。

为了一幅绝世名画，徐悲鸿可以忍受饿肚子的痛苦；为了看一次画展，他可以交出身上全部的钱币；他在法国艺术殿堂卢浮宫一泡就是一整天，沉醉在那美轮美奂之中不愿醒来。这样一来，他留给蒋碧微的时间就越来越少了。

想起以前刚来欧洲时，他们整天都形影不离。丈夫常常给她作画，画出她的一颦一笑；闲暇时，他陪她漫步于巴黎街头；知道她素来喜爱音乐，还请了老师教她拉琴。那时候的日子，虽然清贫，但却那么醉人啊！

但现在呢，他的眼里只有画。蒋碧微想着，忍不住叹气道："他只爱艺术，不爱我。"

1927年，徐悲鸿夫妇回到了上海。学成归来的徐悲鸿事业如日中天，他与朋友成立了南国艺术学院，并担任绘画科主任。受邀在北平艺术学院任教一段时间后回到上海，兼任国立中央大学艺术专修科的美术教授。

这几年里，徐悲鸿在国内画界名望骤增，拜会前辈、扶植新人、教学、创作、举办画展……他在自己的艺术世界里任情翱翔着。

然而，徐悲鸿幸福的忙碌却为家庭不睦埋下了导火索。这个时候，他已经是一双儿女的父亲了，所有的家务事几乎都落在蒋碧微肩头。他们住在上海，徐悲鸿却在国立中央大学任兼职教授，每月有一半时间都在南京。即使回到上海，他也是忙着南国社的事务，或是在画室作画。对于家庭，他确实是没有更多精力来照顾了。

南国艺术学院不收学费，只为培养人才，是名副其实的"义务教育"。蒋碧微并不理解南国社那些学者的高尚襟怀，不理解他们对艺术传承的责任感。她抱怨徐悲鸿白费力气，还极力反对他与"穷光蛋"田汉来往。在干涉无果之后，她竟趁徐悲鸿不在时，将他在南国社的东西全部搬回，并声称他们将离开上海，移居南京。

蒋碧微虽说不是传统意义上的贤妻良母，可以为了丈夫的事业牺牲自己，但她也不是吃不得苦，否则又怎会放弃富贵生活而跟着徐悲鸿流浪天涯呢？她要的是爱情，是温馨的家庭氛围。她只要被浓浓的爱意包围着，就可以为了自己所爱的人付出一切。

在国外求学这些年，日子虽然过得艰难，但他们天天都在一起，贫贱夫妻却并未感到百事哀，反而在一碗碗淡饭、一件件旧衣中积累起了满满的深情。现在，他们儿女双全，经济无忧，但夫妻俩的感情却渐渐生出了嫌隙，矛盾重重。于是，在这段十多年的婚姻稍稍裂开了一条窄缝时，有一个人便顺着这空隙稀里糊涂地挤了进来。

一天，正在宜兴老家为姑母和弟弟的去世悲恸不已的蒋碧微收到了一封信，是徐悲鸿所写。他在信中催妻子尽快回到南京，并苦恼纠结地说，如果她再不回来，他可能就会爱上别人了。

匆匆回到家中，蒋碧微便被丈夫的一席话击得痛彻肺腑。

原来，徐悲鸿对自己班上的一个女学生产生了好感，还曾一时冲动吻了她的额头，并且这种感情似乎有加深的趋势。其实，他从内心里是不愿与自己的学生发生什么故事的，但又无法控制，所以他把事情的来龙去脉详详细细原原本本告诉了妻子，希望通过妻子的理解、原谅和爱的力量将自己从悬崖边拉回来。

徐悲鸿再三声明自己只是爱惜那个女学生的才华，甚至起誓说，妻子既已回来，他的心便交给妻子保管，以后不会再有任何问题。如果妻子愿意，他可以辞职陪她出国。

蒋碧微被徐悲鸿赤裸裸的坦诚伤得痛不欲生，她无法抑制自己心中的委屈，顿时泪如雨下。这真是只有艺术家才能想到的办法！蒋碧微又是伤心，又是气恼。徐悲鸿处理感情问题实在太天真、太草率了。他以为把妻子当成知心好友，以为向妻子倾诉自己情感出轨，就可以获得朋友般的谅解和安慰，甚至还想用妻子的力量勒住那根已经松弛的缰绳。

可是，一个女人在得知自己丈夫的背叛之后，是绝对不可能像个局外人，像贴心好友那样心平气和地跟你谈心，帮你出谋划策的。她的气愤、她的嫉妒、她的痛楚、她的恨，都会在瞬间爆发出来，更何况还是蒋碧微这样唯爱而重的女人。

于是，原本就已经暗伏危机的夫妻关系变得更糟糕了，吵闹声代替了以往的和乐笑声。蒋碧微的埋怨和哭泣将徐悲鸿推得更远了。他几乎整天都在课堂和画室里忙碌着。那里不仅有着他心爱的艺术世界，更有着一种特别的迷人的芬芳，吸引着他沉溺其中。

假如，爱有天意

2007年春季艺术品拍卖会上，一封徐悲鸿的亲笔信札以73.7万元人民币的价格成交。这封信只有一千八百多字，却是画坛一代宗师坎坷爱情的重要见证。这封信的收信人便是那个无意中卷入徐悲鸿情感纠葛的女学生——孙多慈。

孙多慈是安徽人，自幼聪颖，文章与画齐名。她在就读安徽女中时，曾与已毕业的校友、著名女作家苏雪林一起，被校长誉为"安庆女中二才子"。只可惜在备考大学时遭逢家庭之难，这打击让她很长一段时间无心于书本，最终遗憾地与自己心仪的国立中央大学失之交臂。

从落榜的阴影中恢复过来的孙多慈决定到国立中央大学艺术专修科旁听。她的父亲孙传瑗与国立中央大学美学教授宗白华相交甚深，便托他将孙多慈送入女画家潘玉良门下学习。而宗白华则将孙多慈介绍到与自己更为熟识的徐悲鸿的班上旁听。三十六岁的徐悲鸿和十八岁的孙多慈就这样平平淡淡地相识了。

徐悲鸿早已是举世闻名的大画家了，而孙多慈只是一个前来旁听的胆怯的小女生，就连上课时抬头望一眼他，都是满含着敬畏的。而徐悲鸿却很快注意到了她。

孙多慈引起徐悲鸿注意是因为她的素描功底实在太差了。其实也难怪，孙多慈从小画的是国画，又没有受过专业的系统训练，算是自学成才。而她跟着徐悲鸿学习的却是西画课。西画与国画的路子是不同的，因此孙多慈的素描水平在班上几乎是最差的一个。

然而不久后，孙多慈再次引起了老师的注意，这一次，却是由于她的进步太快了。她学画悟性很高，课下又非常用功，再加上有徐悲鸿这位名师的指导，因此素描水平突飞猛进。

艺术大师往往乐于发现并培植有潜力的人才。孙多慈这个恬静的小女生，在课堂上总是沉默的，还有一点羞涩，没想到竟如此灵秀。

徐悲鸿惊异于孙多慈的绘画天分和才华，从此便在课堂上给予她更多关注和指导，课下也常常耐心地为她答疑解惑。

徐悲鸿在国立中央大学有自己专门的画室，他时常邀请孙多慈到这里当模特，特别为她创作了一系列人物素描像。他还曾在一幅画像上题赠了这样的字句：

"慈学画三月,智慧绝伦,敏妙之才,吾所罕见。愿毕生勇猛精进,发扬真艺……"

明亮的画室里,阳光暖暖地铺陈着,孙多慈安静地靠在椅背上,目光淡然而又纯净。屋中只听得到时钟嘀嗒和徐悲鸿展纸运笔之声,显得分外静谧。孙多慈大部分时间都是老师的画中人,偶尔也是看画人。一个个宁静而闲适的午后时光,就在这心神默契中悄然流过,那间普通的画室也弥散着一种柔和梦幻的空气。

其实最初,徐悲鸿对孙多慈只是爱才之心而已,孙多慈更是不敢对自己名满天下的老师有任何非分之想。可是渐渐地,徐悲鸿的感情发生了变化,孙多慈那双眼睛看似平静,实则充满忧伤,她虽然沉静内秀,但总是吸引着徐悲鸿的想要揣测探究的心。

终于,在一次画毕闲聊时,孙多慈说出了她心中的隐痛。

孙多慈的父亲是一位政治家,曾在孙传芳手下任职。他本是一位坚定的爱国斗士,然而在黑暗复杂的官场旋涡中遭遇灾祸,一度被捕入狱。出狱后又北上密谋政治运动,数年音信全无。孙多慈报考国立中央大学失利,也正是受这件事的影响。

孙多慈虽有一个哥哥和一个弟弟,但孙传瑗却逢人便称自己"平生爱女胜爱男",将孙多慈捧作掌上明珠,父女感情很深。所以父亲的安危是时刻悬在孙多慈心头的一块巨石。

徐悲鸿明白了她隐隐的忧郁,从此更加怜惜她的坚强和柔韧,对她的感情也悄悄超出了师生之情。特别是每每回到家里，蒋碧微永无休止的抱怨和哭闹，更是让他越来越烦躁，越来越想逃避，越来越希望永远醉倒在孙多慈那双温柔的眼睛里。只有在孙多慈那里，他才会感受到心识相契和艺术灵魂的交融。

他特意刻了一枚闲章，上有四字——大慈大悲，暗含着两人的名字。每次为孙多慈特作之画，他都会盖上此印。

大慈，愿予世间之乐；大悲，愿拔世间之苦。

我愿与你共享人生喜乐！

我愿与你共度人生哀苦！

此番表白，仅四字而已，却胜过了千言万语、海誓山盟！

相思已是不曾闲

蒋碧微早就知道她和徐悲鸿的婚姻中挤进来一个孙多慈，但却不晓得丈夫对孙多慈的感情深浅如何。徐悲鸿也对蒋碧微说过，他偏爱孙多慈主要是因为怜惜她一身的才华。于是，蒋碧微便一直欺骗自己相信丈夫的话，相信他不会不顾这个辛苦维系了十多年的家，不会不顾两个可爱的孩子，也不会不顾他自己的名声和社会影响。

直到她无意中看到了一幅画——《台城夜月》。

那一天，著名的佛学家宜黄大师（本名欧阳竟无）前来拜访徐悲鸿，谈到兴致高昂时便提出想要欣赏一下他的近作。徐悲鸿欣然同意，准备带他到画室去。临走时，宜黄大师顺便邀蒋碧微同去。这让徐悲鸿的心重重一沉。

走进画室，迎面而立的画架上就是一幅女孩子的画像，不用多说，凭着女人的第六感，蒋碧微就已知道画中清秀的女孩就是孙多慈。画室的里间还有一块蒙着画布的木板，当蒋碧微伸手扯掉画布之后，顿时就怔住了。

画面的内容，蒋碧微晚年撰写回忆录时依然清晰地记得：画面上徐先生和孙韵君，双双地在一座高岗上。徐先生悠然席地而坐，孙韵君侍立一旁，项间一条纱巾，正在随风飘扬，天际，一轮明月——

整幅画传递出来的那种细腻浓厚的柔情足以令任何观者感到震撼。然而它带给蒋碧微的却是巨大的羞辱和愤怒。

徐悲鸿对孙多慈的怜爱此时尚无人知晓，蒋碧微也顾及丈夫的声誉和面子，故而并未当场发作。她很冷静很有气度地叫了两名学生，将这两幅画搬回了家。

那幅孙多慈的画像被蒋碧微藏在仆人的箱子里，徐悲鸿曾偷偷找过很多次都没找到。而那幅《台城夜月》的结局就十分悲惨了。由于这幅画是画在三夹板上的，不能卷起收藏，蒋碧微索性将它摆在客厅最显眼的位置。徐悲鸿每次回家，进进出出都会看到这幅画，这让他既尴尬、懊恼，又无可奈何。不久之后，他亲手将这幅画一点一点刮掉，画上了另一幅作品。

凝结着大师爱恋和心血的绝世画作就这样湮灭了！

1931年，孙多慈以高分考入国立中央大学艺术专修科，其中国画一科竟获得了满分！

尽管主考官徐悲鸿将全部考生的试卷都贴了出来，以示公平，但仍有不少好事者纷纷传言，孙多慈是靠着与自己老师的暧昧关系才得到了高分。甚至连街头小报都登出了此事的花边新闻。

蒋碧微更是难忍心中的怒火和醋意，她立即向徐悲鸿提出辞职出国的要求，要他履行自己当初的诺言。

徐悲鸿一声不吭地写好了一封辞职信，亲手交给蒋碧微，让她次日呈给校长。然而他却在当晚悄悄收拾了行李，离开了南京，避居在上海好友邵洵美家中。第二天，蒋碧微便收到了徐悲鸿的绝交信："吾人之结合，全凭于爱。今爱已无存，相处亦不可能。"后来还是众友人竭力说合，他才又回到了那个冷清枯燥的家。

然而此时徐悲鸿的爱之舟已完全停靠在孙多慈那平静宁和的港湾，再也不愿忍受蒋碧微的狂风巨浪了。自《台城夜月》无辜地消亡之后，徐悲鸿对蒋碧微残存的一点爱意在此时彻底寂灭了。

孙多慈对于老师的感情依然是师生之情远远超过爱情。徐悲鸿的年龄是孙多慈的两倍，他那如波涛般汹涌拍岸而来的热情令这个初涉世的女学生一时难以招架。面对老师特殊的关心和宠爱，年轻的孙多慈最初只不过是怀着感恩之心予以回应的，但在日益增多的相处和日渐加深的了解之后，她那颗少女的初心也偷偷地萌动了。带着几许甜蜜，和着几分羞涩，孙多慈爱情的钟摆也逐渐应和着徐悲鸿的韵律，变得愈加相谐了。

徐悲鸿一家搬进了优雅舒适的欧式新居之后，孙多慈别出心裁地送上了十余株枫树苗作为贺礼。

孙多慈这份礼物送的真是既聪明又巧妙。自古不乏红叶传情的佳话，以心形相连的片片红枫已成为千古痴情男女的爱情象征。徐悲鸿于习习秋风中品赏红叶时，便会感受到孙多慈的深情。红叶沙沙，也仿佛是孙多慈在向他诉说着自己心中的爱恋。而最主要的是不会令那个醋劲十足的蒋碧微怀疑并发怒。既堂而皇之，又寄寓浓情，两全其美。

可是，蒋碧微这个高明而强势的女人，哪会被小女生的心思哄骗过去呢！她很快就得知了这些枫树的来历，也恍然明白了丈夫为何总是格外喜欢照料它们。不过，她一直不动声色，好像什么也不知道。

直到一次徐悲鸿出远门，离家数日。当他回到家中，一踏进大门，登时目瞪口呆。原先那些可爱秀丽的红枫已不见了影踪，满院子桃树、杏树、梨树却鸠占鹊巢，迎风弄叶，好像在得意地昭示着胜利。

树后袅袅娜娜走出了蒋碧微，她带着诚恳的笑意告诉徐悲鸿，友人们都觉得那些枫树与这座庭院极不协调，所以她趁他外出这些日子，找来工匠突击修整了一番，想要给他一个惊喜。

徐悲鸿一口闷气堵在心头，一句话也说不出来，只是狠狠地剐了蒋碧微一眼，愤愤地走进屋中去了。

这段时期，徐悲鸿创作的画多以枫树为主题或背景，他还刻了一枚"无枫堂"的章，每每在新作上落上此印，总会让蒋碧微又气又恨。

后来，徐悲鸿索性将宅院之名由"无枫堂"改为"危巢"，并特作一篇《危巢小记》以警示自己。"危巢"寓意双重，既有身处动乱时代，奋发图强之意，又暗示着自己和蒋碧微的婚姻已是危如累卵，大厦将倾了。

一粒红光豆，相思迭万重

1934年秋天，徐悲鸿带领国立中央大学艺术系的学生前往天目山写生。师生一行人既赏"天目千重秀"之景，又作"峰峦叠翠嶂"之画，一路上评景论画，欢声笑语。这次出游，也是徐悲鸿与孙多慈关系质变的催化剂，两人终于完全地褪尽了师生之情，留存在彼此心内的只有醇浓如佳酿的美妙爱情。

他们多次避开同学们单独出行，还曾被一位同学无意中抓拍到了他们拥抱亲吻的画面。

在山中，孙多慈采了两颗红豆，娇憨而又庄重地将它们献给了徐悲鸿。红豆寄相思，这天然形成的心形种子，被大自然赋予了最纯净最美好的祝福。

红豆鲜艳似火，就像孙多慈内心那份浓烈的眷恋。

红豆洁净如水，宛如孙多慈外表那般柔润而清新。

捧着这两颗小小的红豆，徐悲鸿心澜骤起。眼前这个温婉柔弱的女孩，就是自己一生所要珍爱和呵护的至宝！

回到南京后，徐悲鸿便请人打了一对金戒指，将这两颗红豆镶嵌进去，并且一只刻上了"慈"，另一只刻上了"悲"。从此后，这两只红豆戒指就一直戴在他们手上，很多年都不曾脱去，见证了他们几十年的悲欢聚散。

而此时的徐悲鸿或许忘记了，十多年前自己还曾打过另外两只戒指。那戒指，一只刻着"悲鸿"，一只刻着"碧微"。

他们回到南京时,蒋碧微正在宜兴。于是,徐悲鸿便叫来几名学生,在家里举行了一个小小的葬礼,埋葬的是一对相思鸟。

这对相思鸟是徐悲鸿在天目山买的,不料归途中鸟儿死去,他便将鸟尸带回了家中,在后园掘一土坑,郑重地为死鸟办了丧事,并将那矮矮的坟头命名为"相思冢"。

据那天在场的学生回忆说,徐先生当时似乎变成了花季少年,时而天真纯情,时而疯傻痴迷,完全看不出他此时已是一位四十不惑的中年人了。

在这段师生恋中,孙多慈初尝了爱情的滋味,已经有过两段婚姻的徐悲鸿似乎也焕发了青春。他们由爱而激起的创作灵感如爆发的火山一般,两人的笔下佳作不断。

然而在情感之外,他们却遭遇到了前所未有的磨难与艰辛。

徐孙师生恋早已在社会上传如鼎沸,在国立中央大学校内,冷眼冷言也接连不断地抛来。

徐悲鸿对孙多慈的偏爱早在她还是旁听生时就表现得非常明显了。正式入学后更是得到额外关照,这让其他学生极为不满,自我解嘲为"陪太子读书"。最严重时甚至集体罢课,写了满地标语,使徐悲鸿不得不放弃了上课,在家中烦闷了一整天。

孙多慈的日子更不好过。徐悲鸿毕竟是有名望的画家、教授,学生们见到他自然还是有着一些敬畏的。而对孙多慈这样一个性格内敛,平时在班上也总是沉默居多的柔讷女生,各种诋毁和谩骂便铺天盖地而来了。像画具不翼而飞,画布被莫名其妙划烂等事情更是数见不鲜。更令孙多慈感到羞愤的,是蒋碧微亲自驾临女生宿舍，盛气凌人地给了她好一通侮辱。

孙多慈在学校几乎难以立足了。她搬到了校外居住，最后一学期的课也很少去上了。经过了爱情最初的甜美喜悦之后，孙多慈也渐渐开始冷静地思考自己的未来了。

自己所爱的毕竟是有妇之夫，又是具有很高地位的知名画家，彼此年龄悬殊也很大，想要同他结合可谓困难重重。何况此时在安徽老家的孙传瑗也听说了女儿与徐悲鸿传出的绯闻。他坚决不同意自己的掌上明珠嫁给一个已有家室的男人，并且这到底是破坏别人家庭的行为，他也绝不允许自己女儿洁白无瑕的生命沾染上任何污点。

不过，临近毕业的孙多慈尚无太多时间去思索这些烦恼的问题，她正在徐悲鸿的安排下，忙于赴比利时留学的申请。

比利时王家艺术学院有一个庚子赔款留学名额，有希望争取的人很多，孙多慈不过初出师门，并无特别耀眼之处。所以徐悲鸿便精心挑选了一些她的画作，打算为她出一本画册，以便留学委员会审察。

为了这本画册的出版，徐悲鸿真可谓费尽了心血。他托请自己的好友、中华书局的出版家舒新城联系出版事宜，又请美学大师宗白华作序。为了争取时间尽快出版，他不惜一切代价上下打点，在短短一个月内给好友写去多封加急催促信，且在信中不乏哀求、恭维之语。那切切之心，拳拳之情毫无遮掩地倾泻而出。

其实，徐悲鸿为孙多慈画册如此急切奔走还有另一个原因。他希望先送孙多慈出国，自己也随后而去，两人从此便可以定居国外，抛却一切烦扰，安然地过日子。

精明的蒋碧微发觉了丈夫的心事，她怒不可遏，为了捍卫自己苦心经营二十年的婚姻，她果断出手了。

这果然是一位手段高明的厉害角色。她一句阻挠的话也没对徐悲鸿说，而是凭借着一番动之以情晓之以理的游说和一串串哀婉凄楚的泪珠，对症下药，依人设辞，成功地说服了几位关键人物，最终使得徐悲鸿精心筹措的计划泡了汤，刚刚印刷出版的《孙多慈描集》只能孤独地散发着幽香。

出国深造的梦想破灭了，孙多慈的世界顿时喑哑了。她整日郁郁寡欢，眉间的忧郁更深了。

为女儿担忧不已的孙传瑗和夫人，轮番来到南京看望孙多慈，最主要的是想劝她回家。孙多慈对徐悲鸿的爱是谁也不可否认的真挚，然而这份爱却给了不该给的人。师生恋，勾搭有妇之夫，哪一项罪名都不轻。外柔内刚的孙多慈虽然能够承受来自外界所有人的指责和咒骂，却不能不顾及年迈父母的殷切心声。

于是，心灰意冷的孙多慈终于在盛夏的一天离开了南京，回到家乡当了一名初中美术教师。

寒风萦别愁

孙多慈走了，她带走了自己五年来留在南京城的回忆。玄武湖的春晓，台城之夜的温情，校园里飞扬的青春，画室中飘散的爱的气息……

孙多慈走了，她也带走了徐悲鸿心空中的那轮桂月。他如同被摄去了魂魄一般，失落低沉，浑浑噩噩。课堂上再也没有了那亭亭玉立的身影，作画时再也没有了那添香侍立的红袖佳人，甚至连梦中，都再也没有出现过那双多情灵动的含泪的眼睛。

这悲叹结局的始作俑者，徐悲鸿毫不犹豫地认定了蒋碧微，是她暗中耍弄手段才使得孙多慈未能成行，黯然伤怀地离开了南京。他将全部的恨意都重重砸到了蒋碧微的身上。

在那幢豪华而冷清的"危巢"里，徐悲鸿与蒋碧微只是一对比陌生人还冷漠的夫妻。"危巢"终于应验了它一直暗含的意义——这个也曾和睦美满的家庭即将分崩离析了。

蒋碧微的心中又何尝不是填满了苦楚悲伤呢？

她放弃了尊贵的身份和富足的生活，跟着徐悲鸿在海外漂泊十年，受尽了磨难；她没有三媒六聘，没有拜过天地，没有穿过嫁衣，仅因爱慕徐悲鸿的才气和人格，便毅然做了他贫寒的新娘；她为他生育了一双儿女，操持着一家人的生活，她只不过希望能够拥有一份普通温暖的家庭气氛。然而仅此一愿，她也未能实现。丈夫固然痛恨她无休止的吵闹和不择手段的破坏，但平心而论，这不是一个妻子全心全力挽救自己的婚姻而做出的再正常不过的举动吗？

并且，蒋碧微也受到过婚外恋的极大诱惑。早在徐悲鸿欧洲留学时期，她就有了一个对她用情颇深的追求者。

那时候，在欧洲的留学生们成立了一个"天狗会"，徐悲鸿排行第二，人称"二哥"，蒋碧微便是"二嫂"。这位仪态万方的二嫂，深深吸引了一个人的目光。这个人便是国民党要员、天狗会中的"三弟"——张道藩。

1926年，张道藩写给蒋碧微一封告白信，信中那个"她"

早已在他心底深藏许久了。

张道藩当时正在伦敦大学美术部学习，他与徐悲鸿颇为相合，也正是到徐家拜访时，对蒋碧微一见钟情了。

徐悲鸿旅欧期间，整日醉心于艺术天地里，对蒋碧微多少有些忽略。而张道藩则珍惜每一次与她见面的机会，聚会、舞会……即使人多无法凑近，只要在人群中远远望一眼她那绰约的身姿，都会让他感到非常满足、欣慰。

收到这封情书后，蒋碧微心中百感交集。张道藩的关爱和默默付出她又怎会感觉不到呢？然而使君自有妇，罗敷自有夫，张道藩已经有了一个法国女友，蒋碧微又有着与徐悲鸿十年相濡以沫沉淀的亲情，这是她无论如何也不舍得丢弃的至宝。

于是，蒋碧微回复了一封委婉的拒信。张道藩收到这信，已然明了蒋碧微之意，也没有过于纠缠，此后数年，他们都保持着透明的友谊。

徐悲鸿与自己的学生发生恋情，家人、朋友、舆论都议论纷纷，而今他又因出国之计落败而心存怨恨，这让蒋碧微原本就已疲惫痛苦的心受到了更大的伤害。自己既然能够克制婚外情，自己的丈夫为什么就能随心所欲呢？谁又能安慰一个妻子所受到的身心剧痛呢？谁又能体会到一个被丈夫背叛的妻子那可怜的尊严呢？

数月之后，孙多慈专程回到南京看望徐悲鸿，饱受相思之苦的一对恋人紧紧相拥，绵绵情话犹如秦淮河的柔波，汩汩流入心田。

一回到安徽，孙多慈便寄赠了一首离别诗：

> 晓雾笼江际，
> 寒风萦别愁。
> 如何君去后，
> 一似水东流。

不久，徐悲鸿便远赴广西桂林，蒋碧微也落寞地回到了家乡宜兴。

"危巢"已经成了一座空巢。

当徐悲鸿将要去广西的消息传到孙多慈耳中时，她忽然感到有一种隐约的不安，心里也焦躁起来。从未主动大胆过的她当即决定在徐悲鸿临行前再见他一面。

她知道他正在上海，准备从那里起程赴桂。于是便写信给舒新城，请他告知徐悲鸿在上海的地址。信寄出后她又嫌太慢，便又发了一封加急电报。

可是，当孙多慈的信和电报寄到舒新城手中时，徐悲鸿已于前一天离开了上海。

孙多慈懊悔万分，她开始恨自己之前的软弱和犹豫，恨自己为什么不能坚定地留在徐悲鸿身边。泪雾中，她轻轻抚摸着手上的一幅《燕燕于飞图》，这是她当初离开南京后徐悲鸿专门为她而作的。画面上，一名女子立于悬崖边，她衣袂飘举，宛若仙子，但神情忧伤，目光哀怨。她默默地望着天上几只小燕，没有人知道它们从哪来，也没有人问它们飞到哪儿去。远山如黛，雾霭轻涌，仿佛在宽慰着她的缕缕愁肠。

这幅图画的不就是孙多慈吗？此时的徐悲鸿已如鸿雁般飞去了广西，孙多慈只能遥望天际，空递遐思，不知心上人是否还记得自己那时回赠他的小诗：

> 风厉防侵体，
> 云行乱入眸。
> 不知天地外，
> 更有几人愁。

水中月，镜中花

徐悲鸿对孙多慈最初的关照与偏爱，确实是因为爱其才华绝伦，并不像传言所说，他是因为爱上了孙多慈这个人，才格外夸大她的画技。连见多识广的出版家舒新城都称赞孙多慈："其述学之文，颇有气吞河岳之概，论文与画均属奇才，悲鸿爱之也，实爱奇才。"

孙多慈离开后，徐悲鸿深忧她的心情会影响到创作状态，怕她会因学业和情感的双重打击而弃笔不画。故而多次写信鼓励甚至训斥她，让她不要荒废了技艺。

他曾大量卖画资助孙多慈，又自己出资托请中华书局总经理陆费伯鸿以其个人名义与孙多慈签订购画契约。既暗中给予她经济援助，又极大地鼓舞了她昂首于绘画之路的信心。

1936年9月19日，远在广西的徐悲鸿收到了一封信，信中并无任何字纸，只有一颗鲜红饱满的红豆。不着一字的相思信，却胜过了千般温存，万种柔情。徐悲鸿感慨万分，当即命笔，写下了三首红豆诗：

灿若朝霞血染红，关山间隔此心同。千言万语从何说，付与灵犀一点通。

耿耿星河月在天，光芒北斗自高悬。几回凝望相思地，风送凄凉到客边。

急雨狂风避不禁，放舟弃棹匿亭阴。剥莲认识中心苦，独自沉沉味苦心。

1937年夏天，孙多慈个人西洋画展在安庆举行。刚刚在长沙、武汉结束了画展的徐悲鸿也匆匆赶到安庆为孙多慈捧场。

然而当徐悲鸿兴冲冲赶来与孙多慈相见时，孙传瑗却闻之大怒，不准孙多慈去同他见面。还是孙多慈的母亲和舅舅在一旁劝慰了一番，孙传瑗这才勉强应允。

画展结束后，忙碌多日的孙多慈终于松了一口气。徐悲鸿也要离开安庆了，孙多慈打算送送他。

那天晚上，孙多慈挽着徐悲鸿的手臂，两人在公园里缓步徐行。身后不远处，有一个小小的身影不紧不慢地跟着。

这是孙多慈正在读初二的表妹，她是奉孙传瑗之命前来执行"监视"任务的。可是小姑娘却临阵倒戈了。亲眼见到这位享誉世界的大画家，没有想到他竟是那么朴素、亲切、和蔼。她在不远处注视着表姐和徐悲鸿的一举一动。表姐的哭泣、徐悲鸿的叹息，虽然她还不能十分理解他们的哀苦，但依然被深深震撼了。

临别时徐悲鸿对她说："小妹，你要记住，你的表姐永远都是最美丽的！"

随着"七七事变"的爆发，小小的安庆城也越来越动荡了，人心惶惶。大量的人背井离乡，四处逃亡。

孙传瑗也带着全家人辗转到了长沙。此时的孙家人已没了收入来源，生活十分困苦。在这战乱的绝望中，走投无路的孙多慈想到了徐悲鸿。这时徐悲鸿已跟随国立中央大学迁到了重庆，他朋友多，交际广，应该可以帮孙多慈和孙传瑗找到一份工作以糊口度日。

孙多慈的求救信发出了，她满怀希望等待着，盼望着。倘若这次徐悲鸿援助了孙家，父亲一定不会再阻止她与心上人结合了。她也在信中悄悄告诉了徐悲鸿，这是他们两人最好的一次机会了。

可是一天天的期待，等来的却是杳无音讯。孙多慈的心开始发慌了，她不知道到底发生了什么。孙传瑗也对孙多慈说，看到了吧，这就是搞艺术的人，喜怒无常，平时海誓山盟，等你有难事时他却不管不顾。

事实上，这是上天再次跟孙多慈和徐悲鸿开了一个玩笑。

自安庆别后，徐悲鸿一直疲于奔波，武汉、重庆、桂林，大事小情繁杂琐碎，令他难以应付。但他对孙多慈的牵挂和思念却从未减弱。

离开安庆后，孙多慈赠给他一首诗：

一片残阳柳万丝，
秋风江上挂帆时。
伤心家国无穷恨，
红树青山总不知。

这首诗是他很长一段时间用以缓解相思之苦的最好安慰。只是多年情路艰辛，结合无望，眼前国难当头，他自己也疲惫不堪。他太希望有一个安稳的家了，也越来越怀念妻子蒋碧微和一双儿女曾经带给他的欣喜和温暖了。

　　他终于做出决定，要回到正在重庆避难的蒋碧微身边。

　　可是，蒋碧微却不再欢迎他回来了。

　　自从两人先后离开"危巢"后，蒋碧微一人带着两个孩子生活，乱世中生存颇为不易。生活的无助，内心的寂寞，她也只能饮泣吞声。

　　早在欧洲就已爱着蒋碧微的张道藩，痴心一如既往，这些年一直在默默地帮助着她。"七七事变"爆发后，日军对南京城的空袭时有发生，在国民政府任职的张道藩家中有很坚固的地下室，可以用作防空洞。他便邀请一群故友住到家中。其中自然包括蒋碧微和徐悲鸿。不过，徐悲鸿大多时日都在广西，即使回来也住不长久，蒋碧微几乎是形单影只。

　　每日的接触令她加深了对张道藩的了解与感恩，情愫渐生。可是家中还有一干老友，他们无法过多接触。于是，住在同一个屋檐下的他们便开始了尺素传情，短短几个月竟写了上千封信！

　　徐悲鸿因为不能和孙多慈在一起，身心困顿时才回来重修旧好，这是自尊心极强的蒋碧微无法接受的。

　　在蒋碧微那里住了五十多天后，徐悲鸿再次离开了她。除了夫妻依然不和的元素，还有一个原因就是他收到了孙多慈的求助信。动乱年代邮路时通时断也是正常的，一封信甚至会迟到几个月。但对孙多慈和徐悲鸿来说，这封迟到的信就成了他们爱情命运的丧钟。

　　由于迟迟得不到徐悲鸿的回应，孙传瑗十分生气，认定了这是一个极不可靠的人。而这时，郁达夫的妻子王映霞则为孙多慈另外介绍了一个男人——国民党要员、时任浙江省教育厅厅长的许绍棣。

　　许绍棣虽是政客，却也颇有些文人气息，儒雅谦和，为人方正清廉。他的爱妻不幸因病去世了，留下了三个女儿。对于孙多慈和徐悲鸿的事情他也有所耳闻，他十分理解孙多慈，不在意她曾经那样深入骨髓地爱过另一个男人。只希望两个人能够组建一个平凡的家庭，在飘零中彼此有一个依靠，有一些安慰。

　　他明白孙多慈一家的困境，着手安排了相应的工作给孙多慈和孙传瑗，并将他们一家接到浙江居住。

　　就在孙多慈收拾行囊准备起程时，徐悲鸿匆匆来了。面对心爱的女孩即将嫁给别人的事实，他慌了神。没过多久，他便在报上刊登了一条启事：

　　鄙人与蒋碧微女士已脱离同居关系，彼在社会上一切事业概由其个人负责。特此声明。

　　徐悲鸿知道孙传瑗一直不同意女儿与自己交往，就是因为他是有家室的人。现在他已与蒋碧微撇清了关系，也就扫除了这个障碍。然而，当他托朋友拿着这份报纸到孙家去时，却被愤怒的孙传瑗赶了出来。

　　孙传瑗认为，徐悲鸿今天可以这样草率地凭一则启事就与有着二十年夫妻情分的蒋碧微脱离关系，明天他就可以用同样的方式对待孙多慈。孙传瑗怎么敢把掌上明珠交给这样的人呢？何况他们马上就要去浙江了，许绍棣对孙多慈十分关心，人品也好，与孙传瑗也很能谈得来。尽管他也是结过婚的人，还有三个孩子，但那副宽厚温暖的肩膀，那份踏实的依靠，在这动乱的年代里显得那么珍贵，他一定不会让孙多慈受委屈的。

就这样，在孙传瑗的坚决阻止之下，孙多慈只得跟着家人上路了。

纯爱永恒，念念勿忘

在浙江，孙多慈见到了许绍棣，几番接触下来，她多少有一些失望。其实，并不是他不好，只是徐悲鸿先入为主地占据了她的心。从十八岁到现在，整整八年的苦苦相恋，又怎是一个陌生人能够很快代替的呢！

孙多慈开始后悔来到许绍棣身边，她瞒着父亲继续和徐悲鸿通信，但由于徐悲鸿此时已经到了新加坡，他们的信件常常发生迟误，因而又造成许多误会。

在一封信中，孙多慈说出了自己的深挚心声："我后悔当日因父母的反对，没有勇气与你结婚，但我相信今生今世总会再看到我的悲鸿。"

这一声深情而又苦楚的"悲鸿"，令徐悲鸿的心猛地一震。自他俩相识以来，孙多慈始终都以尊师相敬，以"先生"相称。即使情到浓处也从未直呼过他的名字。而今这一声呼唤，是孙多慈抛却了所有的顾虑与矜持，完完全全献出了自己的一颗赤心！

然而，这封多情鸾笺并未得到徐悲鸿的回应。相反，他竟将这封信寄给了一位友人，他知道这位友人一定会将信转给蒋碧微。

果然，蒋碧微不久就看到了这封信，以及徐悲鸿在信末的批语：我不相信她是假的，但也不信她是真心，总之我已作书绝之。

蒋碧微冷冷地看着这封信，没有做出任何回复。她知道这是徐悲鸿在乞求她的原谅，他甚至写信给蒋碧微的母亲，声称只要蒋碧微同意与他复合，他便将手上的红豆戒指赠予她。

蒋碧微得知后，既气愤不已，又哭笑不得。这戒指是他与孙多慈的"情侣对戒"，现在居然要把其中一只赠给蒋碧微，难道是要蒋碧微来纪念他们的爱情吗？

徐悲鸿在桂林刊登的那则启事，声明与蒋碧微脱离同居关系。对于十八岁就跟着徐悲鸿四处漂泊的蒋碧微来说，这是最大的侮辱。

况且此时她已基本公开与张道藩维持着情人关系，两人情深意笃，心中也根本无法再容纳徐悲鸿了。

与蒋碧微复合无望，对孙多慈也是爱恨交加。他给孙多慈写过一封洋洋洒洒的长信，从字里行间足以看出那种既深厚又复杂的感情：

"吾亲爱之慈，汝之真性情，已泪没无馀。一切由强制之伪性情所发出之，理智乃如毫无神气之刊板文章……吾亲爱之慈，吾且忠信断定汝生平为第一次向一异性之人现其桎梏既深之真。如汝最后前一书者。但汝肯平心一度相衡，当审不建我之加于汝者千分之一也，即吾现存死灰之馀烬，较汝自以为热烈者亦高出不知凡几！已矣！已矣！"

一年之后，孙多慈忽生重病。在病中，她越发思念徐悲鸿了。终于在好友的鼓励下，她给徐悲鸿写了一封信，希望他若有空可以探望自己。

这是上天给这对多难的恋人最后的一次机会，但他们再次错过了。

徐悲鸿是很久之后才收到这封信的，因为当时的他正在遥远的喜马拉雅山脉写生。即使他心急如焚，即使他悔愧万分，他也无法立刻飞到"亲爱之慈"的身边。

阴差阳错间，孙多慈与徐悲鸿永远地擦肩而过了。

1941年春，二十九岁的孙多慈与四十二岁的许绍棣举行了婚礼。

五年后，徐悲鸿也与交往三年的湖南姑娘廖静文结为了秦晋之好。

得知徐悲鸿的婚讯后，孙多慈久久无言。她默默地画了一幅寒梅图，并题上了如下词句：

倚翠竹，总是无言。
傲流水，空山自甘寂寞。

几经辗转，这幅寒梅图不知怎的到了徐悲鸿手中。他沉默良久，在梅枝上补画了一只喜鹊。那喜鹊静立枝头，回首遥望，欲语还休。

1949年，孙多慈随许绍棣去了台湾地区，从此便与徐悲鸿彻底断绝了联系。谁能想到，她再次听到关于徐悲鸿的消息，竟然是他不幸去世的噩耗！

徐悲鸿是国际闻名的大画家，他的死讯马上传到了美国。据说，当时孙多慈正在纽约参加一个艺术研讨会，进行中却突然宣布休会，为徐悲鸿默哀三分钟。孙多慈当即昏倒。

若干年后，徐悲鸿的女儿与孙多慈生前好友闲谈时才知道，徐悲鸿去世后，孙多慈竟然为他戴了整整三年孝！

蒋碧微与孙多慈在徐悲鸿的生命中，一个是火，一个是水。蒋碧微给了他激情、浪漫、炫目的爱；孙多慈则给了他宁静、清凉、灵动的爱。

蒋碧微对徐悲鸿的爱自然不用再细说，纵使他们吵吵闹闹，合合又离离，但那种刻进心底的夫妻深情依然是无法磨灭的。据说，在蒋碧微与张道藩同居的时候，她的卧室里挂着的是徐悲鸿送她的画，而张道藩为她而作的画则挂在客厅里。孰轻孰重，远近亲疏，一目了然。

孙多慈对徐悲鸿的爱也同样真诚细腻——那是源自艺术生命里的相知相惜。

许绍棣宽容的心胸和对孙多慈的爱也令人感叹，他竟能允许天天与自己生活在一起的妻子，为她曾经爱过的男人戴孝，而且是整整三年！

张道藩这位党政要员同样是侠骨柔情，不论蒋碧微年轻时的灿如春华、皎若秋月，还是年老时两鬓斑白、皓首苍颜，他对她的痴心长达几十年未曾改变过。

徐志摩曾经送过两句话给徐悲鸿：你爱，你就热热地爱；你恨，你也热热地恨。

孙多慈与徐悲鸿的爱情是人人叹惜的"美丽的悬念"，这段缠绕着五个人纠结感伤的故事也已被雨打风吹去了。

没有对与错，没有该不该，一切只是为了爱。

林觉民与陈意映

只愿天下情侣,不再有泪如你

意映卿卿如晤:

吾今以此书与汝永别矣!吾作此书时,尚是世中一人;汝看此书时,吾已成为阴间一鬼。

吾作此书,泪珠和笔墨齐下,不能竟书而欲搁笔,又恐汝不察吾衷,谓吾忍舍汝而死,谓吾不知汝之不欲吾死也,故遂忍悲为汝言之。

吾至爱汝即此爱汝一念,使吾勇于就死也。吾自遇汝以来,常愿天下有情人都成眷属,然遍地腥云,满街狼犬,称心快意,几家能彀?司马青衫,吾不能学太上之忘情也。语云:仁者老吾老以及人之老,幼吾幼以及人之幼。吾充吾爱汝之心,助天下人爱其所爱,所以敢先汝而死,不顾汝也,汝体吾此心啼泣之余,亦以天下人为念,当亦乐牺牲吾身与吾之福利,为天下人谋永福也,汝其勿悲。

……

　　窗外疏梅月影，鸾凤和鸣，何事不语？亭中碧血黄花，青云贯天，此情可赞！百年黄昏，是谁在哭湿的枕边断肠伤心？空庭冷夜，是谁在惊醒的梦中倾情低唤？不望万户侯的伟少年，察觉时势，民紧忧兮心苦疮；天真烂漫的奇女子，会意君心，映日荷花别样红。历史的薄尘拂不去不得不舍的决绝，血色腥风中抑不住不得不弃的绝美。

　　只看那，一纸薄笺与妻书，十丈红尘谱丹心。

　　"意映卿卿如晤：吾今以此书与汝永别矣！……"

　　伊人一闻语，实已阴阳两隔。

　　时空的撕裂感，恍若一段连卷的胶片搁浅在脑海，情缘魂梦相系，那美丽的爱情，穿越了百年而来，绕上心头，流于笔尖。

缘定三生心相印

林觉民的父亲林孝颖其实是他的叔叔，一位诗文饱学之士。不幸的是有一个十分不称意的包办婚姻。

倔强的林孝颖从新婚之夜起便将他的新娘打入冷宫，自己常以诗集酒盏排遣苦闷，他可怜而无辜的妻子则整日与愁眉苦泪相伴。

林孝颖的兄长见弟弟和弟妹形若路人，家中无一点温馨气息，便将自己的幼子过继给弟弟抚养，也为那个冷清的家庭增添一些生机和乐趣。

伶俐聪明的林觉民很得林孝颖的宠爱，从小便被精心呵护教养着。长大后，林孝颖便为爱子定下了一门亲事，所聘的是当地大户陈元凯的女儿陈意映。

不知道饱受包办婚姻之苦的林孝颖为何还要给自己的儿子同样一个旧式婚姻。或许他是在为儿选媳时，以一颗"知子莫若父"的心，确信儿子与陈家小姐一定是脾性相合的吧。

1905年，十八岁的林觉民和十七岁的陈意映羞涩懵懂地在双方父母的安排下步入了婚姻殿堂。既好奇又忐忑的他们很快便发现，彼此之间竟有着一种似曾相识的默契。

林觉民的才学自然是出众的，而陈意映虽为女子，论起诗词文章竟也不输林觉民多少。当地地方志中还存有陈意映所著的咏《红楼梦》人物诗一卷。

陈意映乃名门闺秀，末代皇帝溥仪的老师陈宝琛、曾任清代刑部尚书的陈若霖均是其同族中人。这样的书香门第、世家望族中出一位才女也是不足为怪的。

在林家大宅里,林觉民和陈意映居住的是一座二层的精致小楼,楼前种着芭蕉、梅花。新婚的小夫妻每日携手并肩,或在楼上甜蜜私语、吟诗作对;或在院中赏花、漫步,日子过得悠然而幸福。

林觉民并未步父亲后尘,为自己的旧式婚姻而烦恼,反而感谢父亲为自己选定了陈意映这样一位好妻子。若干年后,远在日本留学的林觉民,还曾在对妻子刻骨的思念中写下了一篇温情缱绻的《原爱》,文中写道:"吾妻性癖好尚,与余绝同,天真烂漫女子也!"

自古英雄出少年。林觉民在少年时就已英名远播,虽然年少,但却豪气十足。十三岁时,被父亲要求去参加童生考试,但林觉民非常厌恶陈腐的八股文,极不情愿地走进考场。当试卷下发后,他便提笔在上面写了"少年不望万户侯"七个大字,然后在监考官员诧异的目光下,昂首出门去。

若是在一般人家,儿子如此大胆不驯,做父母的一定会大加训斥。但林孝颖没有,他虽然表面上批评了林觉民几句,心中却是既惊异又骄傲。想儿子小小年纪就能有如此气魄,如此胆量,将来必成大器!

不久,林孝颖便安排林觉民报考福建最早的一所新式学堂——全闽大学堂,被顺利录取。

全闽大学堂是光绪皇帝谕批的一所新式学堂,是戊戌变法的副产品之一。这所学校是新观念、新文化的活跃之地,林孝颖就在这里任教。

林觉民在全闽大学堂如鱼得水,他不仅如饥似渴地补充着新的知识，而且还勇于开拓新的风气。他以思辨之才而闻名全校，又颇具领导者的气度和风范。年纪虽小，却已发动了几次校内学潮。他还在福州城北创办了一所专门传播西学的学校，在谢家宗祠里办起了革命书刊阅报所。

各种演讲中也少不了林觉民的身影。口才极佳的他，又有着一颗拳拳热切的爱国心，这使他每次的演讲都充满了慷慨激昂的凛然之气。在一次名为《挽救中国之危亡》的演讲中，林觉民的壮怀激烈、挥斥方遒，令在场所有听众无不热血沸腾，群情振奋。曾有人赞叹曰："亡大清者，必此辈也！"

结婚时，林觉民还未结束在全闽大学堂的学业。在学校里，他是同学们心目中的风云英雄；在家里，他则与爱妻陈意映过着温润的生活。

陈意映真算得上是一位难得的好妻子，她与林觉民的默契相谐并不仅是唱和几首诗词而已，最难能可贵的是她的深明大义，对丈夫的志向和抱负不仅理解支持，而且还能尽自己所能去协助他。

林觉民在外传播西学新思想，陈意映就配合他在家中开办了一所"家庭女子学校"。不但自己率先成为学员，还将家中的姑嫂姨妹等女性亲属都请来参加学习，一室女眷认认真真地学起了"革命""自由""民主"等新奇的学问。她们还以实际行动来展示学习成果——所有缠过足的女子统统解下了长长的裹脚布，顺应了当时"放足"的新风潮。

此外，陈意映还进入福州女子师范学堂学习，并成为该校首届毕业生之一。

有这样一位善解人意又与自己心心相印的贤内助，林觉民不仅生活上没有后顾之忧，工作上也更加顺畅了。

有一天傍晚，林觉民和陈意映在楼上闲谈。林觉民忽然说："我希望将来你比我先死。"陈意映闻言顿时伤心又生气，林觉民忙向她解释道："我是想着如果我先死，以你孱弱的身体恐怕难以承受这种悲伤，所以还不如你先我而去，所有的悲痛都由我来独自承担。"

听闻此言，陈意映转而感动得热泪盈眶。可是他们谁都没有想到，林觉民的担忧竟会在不久的将来成为现实。

鸾凤和鸣有灵犀

林觉民和陈意映结婚已经一年有余，并且他也顺利地从全闽大学堂毕业了。不久他便将起程前往日本自费留学，一年后转为官费生。

日本是当时中国的爱国志士们聚集的中心，中国同盟会就是孙中山在日本东京倡导成立的。林觉民到日本不久，便通过同乡旧友结识了许多革命者，并加入了同盟会，开始积极参与革命活动，在日本及香港、福州、广州等地秘密奔走。

林觉民成了"革命党"的人，这件事他一直瞒着家中的老父，他不忍看年迈的父亲整日为他担忧。但对陈意映，他却并未完全隐瞒。

陈意映虽是在深闺大院中娇生惯养长大的女子，却并无一丝怯懦和娇气。她常听林觉民讲述当时的政局形势，特别是那句"中国非革命不能自强"，更是令她感到丈夫所做的事情有着非同寻常的崇高意义。她深深地理解他、信任他、支持他。

每次林觉民从日本回到福州，参加同盟会福建支部的会议时，都会带陈意映同去。夫妻俩装作去郊外游玩或者去寺庙烧香的样子，到了会议地点，陈意映便在外守候，给里面开会的英雄们望风。并且，福州第一面象征着"驱除鞑虏，恢复中华"革命决心的"铁血十八星旗"，就是由陈意映和几位同盟会会员的妻子们共同绣制而成的。

参加革命活动自然是危机重重的，稍有不慎就会招致杀身之祸。林觉民自加入同盟会的那一天起，便已将生死置之度外了，但陈意映却十分担心他的安全。

林觉民的活动地点不只是福州，还常常到外地奔忙。每当他离开时，陈意映都忍着心中的忧虑和不舍，默默地为他打点行装。她知道丈夫去做的是为所有血脉同胞谋利的大事，所以从未阻拦或挽留过他。

1910年11月，孙中山、黄兴等同盟会成员在槟榔屿秘密开会，准备在广州再一次发动起义。在此之前，他们已经发动了九次起义，均以失败告终。因此大家都对这一次的起义非常重视，宁可以生命为代价，也要真正地燃起革命的火把，照亮后继者的道路。

1911年春天，在日本留学的林觉民回到了香港，成为数百名敢死队员中的一个。随后又回到了福州，打算在当地人中招募更多起义者。

这次回到家乡，林觉民骗父亲说学校放了樱花假。但父亲却早已从他的目光和忙碌的举动中察觉到了一丝不同寻常，但他并未点破——即便是说破了又有什么用呢？他就是再担心儿子的安危，也无法阻止他投身革命的决心，还不如装装糊涂，还能成全了儿子的一片孝心。

陈意映心中虽有一些隐约的不安,也并不知晓林觉民此行何意,但她并未仔细询问。从知道林觉民加入同盟会的那一天起,陈意映便已明白他再也不是只属于自己一个人的了。

这次林觉民回来,很少安坐家中,总是匆忙奔走。唯有夜里夫妻对坐时,他才会带着满怀的歉疚陪一陪爱妻。他知道自己马上就要去完成一件大事,这件事是否能够做得成功,他没有把握;甚至能否活着回来,他也不知道。也许,这一次就是他和亲人最后的相聚了。

六七年前,吾之逃家复归也,汝泣告我:"望今后有远行,必以告妾,妾愿随君行。"吾亦既许汝矣。

林觉民曾经答应过陈意映,如果以后再有远行,一定带她同行。其实这一次,林觉民也没有想瞒着陈意映,他甚至打算请她来协助自己。林觉民和他的同伴们在福州西禅寺秘密制造炸弹,造好后装在棺材里,准备以出殡来掩人耳目,将这些弹药送到广州。他本想让陈意映假扮孀妇,随队伍出行作为掩护。但此时的陈意映正怀着他们第二个孩子,已经八个月了,行动笨拙不便,所以临时改派了另一位同志的妹妹完成这项任务。

前十余日回家,即欲乘便以此行之事语汝;及与汝相对,又不能启口。且认汝之有身也,更恐不胜悲,故惟日日呼酒买醉。嗟夫!当时余心之悲,盖不能以寸管形容之。

望着灯下温情似水的妻子,那么柔婉,又那么坚强。尽管林觉民终究不忍开口告诉她实情,但善解人意的陈意映早已从丈夫连日来的言行中猜到了他此去的艰险。但她却一句劝慰的话也没有说。此刻,还有什么能比得上她深情的目光和理解的微笑更能让丈夫安心前行呢?

1911年4月9日,觉民再次提起行囊离家远行。临走前,他笑着对家人说:"我很快就会回来的。"

气壮山河慷慨死

起义时间原本定在4月13日,所有人员分为十路攻击两广总督衙门。可是由于统筹方面出现了一些失误,有一部分从海外购买的武器未能及时运到。再加上消息泄露,清政府加强了戒备,使起义的难度增大许多。因此发难日期不得不延迟,定于4月27日举行。

可是日期临近了,起义的准备仍然不充分,使得原定十路的攻击改为四路,而最后实际参与的仅有总指挥黄兴率领的一路队伍。

这支队伍是由一百二十多名敢死队员组成的,林觉民就是其中之一。队员们在加入的那一刻起,就知道自己将要踏上的是一条不归路,但是谁都没有畏惧、退缩,每个人的脸上都写满了正气与悲壮,每个人的身上都散发着英勇冲天的豪迈!

4月27日下午5时25分,起义军发动了攻击。敢死队员们在黄兴的带领下,脚穿黑色胶鞋,臂缠白巾作为暗号,手执枪械炸药，猛攻总督府。

然而当他们冲进去之后，才发现这里早已是一座空楼。他们自己则陷入了清军的包围圈中。

双方随即展开了一场激烈的血战。

林觉民在奋战中被子弹击中了腰部，当即痛倒在地，但又马上强撑着起来，继续拼力还击，最终因体力不支瘫倒在墙下，被清军抓获。

经过长时间的激战，起义军终因寡不敌众，全军覆没了。

硝烟散尽，总督衙门里一切依旧。林觉民枷锁临身，铁链绕踝，被押进了大堂。面对两广总督张鸣岐和清军水师提督李准的严厉审讯，林觉民毫无惧色：

"死有何惧？我等莽撞书生奋起一击，偌大一个广州城，如入无人之境，唤醒亿万炎黄胄裔，两广必为之一振，天下必为之一振。从此，朝廷兵马不足道，天子王法不足惧，虽头断血流，暴尸街头，但华夏大地少了一干英杰，黄泉路上多了一群鬼雄。我等一死，死得其所！血洒神州，快哉快哉！"

林觉民在大堂之上侃侃而谈，大厦将倾的清王朝、饿虎竞食般的外国侵略者、革命党人的志向与抱负、百姓的苦难……他越说越激动，那种深切救国的情怀，那崇高而无畏的壮烈心胸，令在场的人无不为之动容。

甚至就连张鸣岐和李准都不得不暗自钦佩，赞叹道："惜哉！此人面貌如玉，肝肠如铁，心地如雪，真奇男子也！"

有官员悄声询问总督，是否法外开恩，留下林觉民性命。但总督却摇头叹息道："好人才留给革命党，为虎添翼，那还了得？"于是下令："杀无赦！"

当远在海外筹款的孙中山先生得知了起义失败的消息，特别是那一百多名个个堪称精英的敢死队员的英勇牺牲之后，不禁仰天痛呼："吾党精华，付之一炬！"

黄花岗起义是辛亥革命之前最后一次失败的起义，是在明知不利的情况下坚持发动的。林觉民曾对战友说："吾辈此举，事必败，身必死，然吾辈身死之日，距光复期必不远矣！"

果然不出林觉民所料，他和同伴们的热血没有白白抛洒，正如孙中山先生在《〈黄花岗烈士事略〉序》中的凭吊赞叹：是役也，碧血横飞，浩气四塞，草木为之含悲，风云因而变色，全国久蛰之人心，乃大兴奋，怨愤所积，如怒涛排壑，不可遏抑，不半载而武昌之大革命以成。

参加起义的壮士们并不是由于生活所迫不得已才揭竿而起的，相反，他们大多数人出身良好，生活优越，家庭幸福。但他们依然痛舍父母妻儿，只为了心中民主和自由的理想，只为了四万万苦难的同胞。所有安眠在黄花岗上的英魂，都值得我们永远崇敬和感念！

当起义失败，林觉民被捕后，正在广州供职的岳父陈元凯便火速给女儿陈意映去信，让她赶紧带着林家大小逃命，因为清政府很有可能会将"叛贼"全家株连，满门抄斩。

林家大宅一夜间人去楼空，全家人避居到了福州早题巷的一所偏僻房屋内。

当密集的枪声炮火响起在广州城里的时候；当刽子手举起手中大刀的时候；当革命同仁为了玉石俱焚的悲壮而哀恸万分的时候；陈意映正牵着长子林依新的手，在双栖楼上默然祈盼着。

此时的她尚不知道林觉民已经就义,她以为丈夫仍在狱中受难,因而焦虑不已,心急如焚。她依然每天坐在窗前向远处眺望,希望巷口忽然出现那个熟悉的身影,希望看到她的林觉民笑着向她挥挥手,然后跑上楼来。

这一幕幸福的场景时常浮现在陈意映的脑海里——以前林觉民离家后她也是这样渴盼地想,然后盼着盼着,林觉民就真的回来了。陈意映以为这一次也是一样,只要林觉民听到了她心底轻柔的呼唤,不论身在天涯海角都会赶来同她相见的。

然而这一回——

唉!可怜无定河边骨,犹是春闺梦里人!

情深不寿鸳鸯飞

不知是谁将那只装着林觉民一颗赤心的包裹塞进了林家的大门,这是起义前的一天夜里,林觉民在香港滨江楼蘸泪所写的。天亮后他将包裹交给友人,并嘱咐说:"我死,幸为转达。"

包裹中有两封家信,一封是写给父亲的《禀父书》:

不孝儿觉民叩禀:父亲大人,儿死矣,惟累大人吃苦,弟妹缺衣食耳。然大有补于全国同胞也。大罪乞恕之。

短短几句,凛然悲壮。自古忠孝不能两全,这大概是所有英雄心底最深的无奈和悲哀吧。

包裹中的另一封信就是写给陈意映的《与妻书》。

当陈意映用冰凉颤抖的双手展开这方巾帕时，天地间也仿佛回荡着那深深的悲怆！

意映卿卿如晤：

吾今以此书与汝永别矣！吾作此书时，尚是世中一人；汝看此书时，吾已成为阴间一鬼。

吾作此书，泪珠和笔墨齐下，不能竟书而欲搁笔，又恐汝不察吾衷，谓吾忍舍汝而死，谓吾不知汝之不欲吾死也，故遂忍悲为汝言之。

吾至爱汝即此爱汝一念，使吾勇于就死也。吾自遇汝以来，常愿天下有情人都成眷属，然遍地腥云，满街狼犬，称心快意，几家能彀？司马青衫，吾不能学太上之忘情也。语云：仁者老吾老以及人之老，幼吾幼以及人之幼。吾充吾爱汝之心，助天下人爱其所爱，所以敢先汝而死，不顾汝也，汝体吾此心啼泣之余，亦以天下人为念，当亦乐牺牲吾身与吾之福利，为天下人谋永福也，汝其勿悲。

汝忆否四五年前某夕，吾尝语曰："与使吾先死也，无宁汝先吾而死。汝初闻言而怒，后经吾婉解，虽不谓吾言为是，而亦无辞相答，吾之意，盖谓以汝之弱，必不能禁失吾之悲；吾先死留苦与汝，吾心不忍，故宁请汝先死，吾担悲也。嗟夫！谁知吾卒先汝而死乎？"

吾真真不能忘汝也！回忆后街之屋，入门穿廊，过前后厅，又三四折有小厅，厅旁一室，为吾与汝双栖之所。初婚三四个月，适冬之望日前后，窗外疏梅筛月影，依稀掩映，吾与汝并肩携手，低低切切，何情不诉？及今思之，空余泪痕。又回忆六七年前，吾之逃家复归，汝泣告我："望今后有远行,必以告妾,妾愿随君行。"吾亦既许汝矣。前十余日回家,即欲乘便以此行之事语汝;及与汝相对,又不能启口。且认汝之有身也,更恐不胜悲,故惟日日呼酒买醉。

嗟夫!当时余心之悲,盖不能以寸管形容之。吾诚愿与汝相守以死,第以今日事势观之,天灾可以死,盗贼可以死,瓜分之日可以死,奸官污吏虐民可以死,吾辈处今日之中国,国中无地无时不可以死,到那时吾眼睁睁看汝死,或使汝眼睁睁看我死,吾能之乎?抑汝能之乎?即可不死,而离散不相见,徒使两地眼成穿而骨化石,试问古来几曾见破镜能重圆?则较死为苦也,将奈之何!

今日吾与汝幸双健,天下人人不当死而死与不愿离而离者,不可数计,钟情如我辈者,能忍之乎?此吾所以敢率性就死不顾汝也。吾今死无余憾,国事成不成,自有同志者在。依新已五岁,转眼成人,汝其善抚之,使之肖我。汝腹中之物,吾疑其女也。女必象汝,吾心甚慰;或又是男,则教其以父志为志,则我死后,尚有二意洞在也,甚幸!甚幸!吾家后日当甚贫,贫无所苦,清静过日而已。吾今与汝无言矣,吾居九泉之下,遥闻汝哭声,当哭相和也。吾平日不信有鬼,今则又望其真有。今人又言心电感应有道,吾亦望其言是实,则吾之死,吾灵尚依依旁汝也。汝不必以无侣悲。

吾平生未尝以吾所志语汝,是吾不是处;然语之又恐汝日日为吾担忧,吾牺牲百死而不辞,而使汝担忧,的的非吾所思。吾爱汝至,所以为汝体者唯恐未尽。汝幸而偶我,又何不幸而生今日之中国!吾幸而得汝,又何不幸而生今日之中国!卒不忍独善其身。

嗟夫!巾短情长,所未尽者尚有万千,汝可模拟得之。吾今不能见汝矣！汝不能舍吾，其时时于梦中得我乎？一恸！

辛亥三月二十六夜四鼓，意洞手书。

捧着字字泣血的《与妻书》，陈意映读罢数遍后，心痛地哭倒在地，幸而家人赶来救起，方才渐渐活过来。

伤心欲绝的她本一心求死，唯愿追随林觉民而去。怎奈双亲跪地，哀求她为了两个可怜的孩子好好地活下去。陈意映只得含泪忍悲，凄凄度日。

台湾地区歌手童安格和齐豫曾经演唱过两首歌曲——《诀别》和《觉（遥寄林觉民）》，分别模拟了林觉民和陈意映的所思所感，那发自内心的哀婉叹息着实催人泪下：

夜冷清，
独饮千言万语。
难舍弃，
思国心情。
灯欲尽，
独锁千愁万绪。
言难启，
诀别吾妻。
烽火泪，
滴尽相思意，
情缘魂梦相系。
方寸心，
只愿天下情侣，

不再有泪如你。

——《诀别》

觉,
当我看见你的信,
我竟然相信,
刹那即永恒。
再多的难舍和舍得,
有时候不得不舍。

觉,
当我回首我的梦,
我不得不相信,
刹那即永恒,
再难的追寻和遗弃,
有时候不得不弃。
爱不在开始,
却只能停在开始。
把缱绻了一时,
当作被爱了一世。
你的不得不舍和遗弃,
都是守真情的坚持,
我留守着数不完的夜和载沉载浮的凌迟。
……

《觉(遥寄林觉民)》

"难舍弃，思国心情。言难启，诀别吾妻。"林觉民不但忠孝无法两全，家国之中也只能选择其一。当他在这人生最难的两个难题里，痛苦地做出了抉择的时候，也就注定了陈意映的命运："爱不在开始，却只能停在开始。把缱绻了一时，当作被爱了一世。"

一个月后，陈意映早产，生下了次子林仲新。

五个月后，武昌起义爆发，成功打响了辛亥革命的第一枪。

一年后，陈意映由于思念林觉民，悲伤过度，不幸恸绝而死。

林家人逃难搬走后，原来那座大宅院卖给了一户姓谢的人家。谢家的女儿长大后，成了闻名全国的女作家——谢婉莹，笔名冰心。

林觉民有个堂哥，他和家人也在那座宅院中居住过。这位堂哥名叫林长民，他有一个可爱伶俐的女儿，长大后成了人人欣羡的一代才女——林徽因。

如今，这座承载着丰厚历史的宅院依然完好地保存着，它据守在灯红酒绿、车水马龙的闹市街角，似乎时时都在固执地提醒着红尘中忙碌不停的人们，这里曾经发生过一段多么荡气回肠、深情悲壮的故事。

林觉民永远活在二十四岁的时空里，在一座小楼中写着与妻诀别的信。在不得不舍、不得不弃、不得不理的真爱中，他们的爱情刹那间成了永恒。

烽火渐熄，狼烟散尽，林觉民永远地长眠在黄花岗的热土之中，陈意映也已化作了纸上一个凄美的名字。历史的天幕中，群星倏闪倏灭。属于林觉民和陈意映的那一颗星已经慢慢地飘然远去了，但它依然发出柔和而宁静的光芒，永远映照着阴晦的夜空。

鲁迅与许广平

以沫相濡亦可哀

"自从我雇了一个工人之后,日常琐事便都不需自己费力。工作也不累,每天都有很多闲工夫,大多数时候我就拿本无聊的书看着玩玩。如果连着编讲义三四个钟头,那很影响睡眠,所以我讲义也编得很慢。如果有人来催我写文章,大抵是置之不理的。

"楼下有一个花圃,用铁丝围成栅栏圈着。前几天我一看四下无人,就忽然想跳一次试试,看看这铁栅栏能有怎样的阻力。结果它确实很有效果,给了我两处小伤口,还好并不深。我是因为这事没有什么太大的危险,所以才试了试,如果知道会出事,我一定会很谨慎的。

……

　　他的文字厉害，却被"嫩弟"戏耍交白卷；她的思想激进，却也这般骄纵恶作于"愚兄"。他们针锋相对地互损，随意调侃地打趣。他愤世嫉俗、刚直不阿，是世人眼中的铮铮傲骨，也是当局眼中的危险分子；她果断刚烈、诚挚热忱，是苦闷而善良的女子，又是愤懑而激进的青年。她不畏惧人世间的冷漠与压迫，不畏惧卫道者的非议与谤讽，一直和他站在一起，锲而不舍，跟着他的足迹。

　　正如她的定情宣言：不自量也罢！不相当也罢！同类也罢！异类也罢！合法也罢！不合法也罢！这都与我们不相干，于你们无关系，总之，风子是我的爱……

爱情是我所不知道的

认识许广平之前,已经有两位女子先后走进了鲁迅的婚恋世界。

第一个是鲁迅的表妹,家里人都叫她"琴姑"。鲁迅从小就和这位表妹在外祖母家玩耍,不但彼此心有灵犀,两家的父母也都乐意结这门亲。但在合八字的时候却出了问题。据说,琴姑的属相与鲁迅不合,而且很严重,结婚后会克死自己的丈夫。

这吓坏了鲁迅的母亲,从此再也不提这门亲事了。琴姑的父母见周家迟迟不来提亲,便将女儿另外许配了人家。

没过多久,刚出嫁的琴姑便因病含恨去世了。临死前,她对服侍自己的老妈妈吐露了心声:"周家明明是来议过亲事的,怎么后来又不提了呢?我到死也忘不了这件事。"

原本一段美好的姻缘就这样化为了梦幻泡影,两个心心相印的年轻人被生生拆散了。郁郁寡欢的鲁迅将全部心思都用在了学习上。他在南京路矿学堂以优异成绩毕业后,又获得了公费留学日本的资格,不久便踏上了异国求学之路。

鲁迅出国之前,他的母亲鲁老太太并未征得儿子的同意便擅自做主,为他定下了一门亲事。这让鲁迅十分不满,多次要求母亲退婚。鲁老太太却丝毫不理会儿子的抗议,反而常常催促他回国完婚。

有一次,鲁迅好心帮一位日本女子抱了一会儿孩子,结果这事不知怎么传回了老家,被好事者添油加醋地形容说,鲁迅已经娶了一个日本女人,还有了孩子。

鲁老太太着了急。于是，1906年7月的一天，远在日本的鲁迅便收到了家里的电报："母病危，速归。"

可是当他匆匆忙忙赶回家中时，却发现家里张灯结彩，母亲不但没有病危，反而满面红光地张罗着婚礼。

孝顺的鲁迅只得咽下一肚子气，跟从未谋面的女子朱安拜堂成了亲。婚后第三天，他便离家回到了日本。此后几十年，即便是与朱安同住一院，他们也始终只是名义上的夫妻而已。

鲁母选择朱安，是看中了她的柔顺和贤惠，知道她将来绝对会成为一个贤妻良母。鲁母对朱安的判断没有错，但却对自己的儿子太不了解了。鲁迅心中的理想伴侣，是要能够和他心意相通，志同道合的，绝不是只要会洗衣做饭、相夫教子就可以了。

尽管朱安在周家确实尽到了主妇的责任，将鲁母服侍的很好，一大家子的生活也操持得井井有条，但爱情并不能由此而产生。对鲁迅来说，朱安不是他的妻子，只是母亲强加给他的一件不甚美好的礼物，他只能好好地供养她。"对于她，我只有赡养的义务，爱情是我所不知道的。"

鲁迅确实将朱安供养得很好。常去鲁迅家的朋友都知道，他对朱安没有夫妻之爱，但还有关心和尊敬。每次鲁迅从街上买回了点心，总是先请母亲挑些喜欢吃的，然后再送到朱安那里请她挑选，最后剩下的鲁迅才自己吃。

他也明白朱安心里的苦，明白她是无辜的。他曾说："在女性一方面，本来也没有罪，现在是做了旧习惯的牺牲。我们既然自觉着人类的道德，良心上不肯犯他们少的老的罪，又不能责备异性，也只好陪着做一世牺牲，完结了四千年的旧账。"

他一方面好好地供养着朱安,另一方面又尽可能地避免同她的任何接触。他很少同她直接说话,因为没有什么可说的,而且在他看来,朱安常常自作聪明。有一次,鲁迅说有一种食品很好吃。朱安为了讨他欢心,便说她也吃过,确实很好吃。鲁迅听后觉得十分厌恶,因为这是他在日本吃过的,中国根本没有这种食品。

朱安曾经给鲁迅做过一条棉裤,鲁迅早上出门时没注意就穿上了。后来知道了这是朱安的针线,便二话不说脱下来丢到了门外,坚决不穿。

鲁迅对朱安冷漠到近乎冷酷了。

旧的制度先是夺去了鲁迅与琴姑青涩纯净的爱情,又将一个不识字的小脚女人硬推到他身旁。琴姑与朱安,就像鲁迅生命中的流星和月亮。流星的美丽在于她的短暂,匆匆一瞬划过生命的夜空;月亮永远也发不出带着强烈暖意的光芒,她的爱情温柔、平静却很清冷。

鲁迅的心逐渐长出了坚硬的外壳,他固执地将自己包裹起来;爱情的心田也渐渐失了水的滋润,变成了一片荒漠。不过,在近二十年的孤独失落之后,这爱情沙漠即将有一条清澈跃动的小溪流欢快地注入进来了。

在时间的深处,与你相遇

许广平出身于广东一个仕宦之家,父亲性格随性豪爽,在一次与朋友欢聚时,推杯换盏之间就将刚刚出生的小广平许给了当地一户姓马的乡绅家。这马家是方圆百里出了名的土豪劣绅，横行霸道，嚣张跋扈。

许广平从小性情果断刚烈，她对自己这份婚姻极为不满，坚决反对。有一次，马家一个亲戚来做客，许广平二话不说，冲出去就向那个人深深鞠了一躬，然后义正词严地说："我父亲将我许配给你们家，是因为他当时喝醉了，我自己决不同意！"对方愕然。

许家的人其实也不赞成这门亲事，只是已经定了的亲是不能随便更改的。这下许广平一闹，家人也就顺水推舟，劝她父亲到马家退婚。于是几经周折，马家终于在索要一笔经济赔偿的前提下，同意退婚。

退婚之后的许广平考入了天津直隶第一女子师范学校，毕业后又考入北京女子师范大学。

入学后不久，许广平便与自己的一位同乡陷入了热恋之中。那位年轻人名叫李晓辉，是北京大学的学生，很善良，也很热情。沉浸在甜蜜快乐中的许广平以为自己已经找到了一生的幸福。

无奈上天并不看好这份初开的爱情，不久就使它凋落在风雪之中。

那是因为许广平不慎患上了当时的急症——猩红热。这种病症传染性极强，李晓辉就是在日夜照料许广平的时候被传染的，而且病发突然，病情严重，没几天就去世了。

夭折了的美好爱情重重地撞击着许广平的心，从此她只能在无尽的悲哀和回忆中与自己的恋人相聚。初恋的印迹在每个人的生命中都是最深的，李晓辉去世十八年后，许广平依然饱蘸深情为他写下了纪念文字：

霞的怆痛，就像那患骨节酸痛者的遇到节气一样，自然会敏感到记忆到的，因为它曾经摧毁了一个处女纯净的心，永远没有苏转。

挫折激发了许广平更大的力量，她勇敢地跨越了悲痛的荆棘，丝毫没有停止奔涌向前的脚步。而事实上，她也没有太多的时间沉浸在悲哀中，因为她很快就被卷入了激流暗涌中。

女师大的学生们怀着满腔热忱，渴望走出校门，接受社会新风暴的洗礼，而校长杨荫榆却是一位严厉专制的女性，她要求学生一心只读圣贤书，不准她们掺和"窗外事"。于是，彼此间的矛盾越来越深，逐渐激化，直至不可调和。

在女师大学生自治会担任总干事的许广平自然是站在了风口浪尖，她的愤懑和苦恼积聚在心中无从倾吐，于是便想到了恩师鲁迅先生。

那时，鲁迅兼任女师大国文教授，而许广平则是国文系二年级的学生。鲁迅先生所讲的《中国小说史》是许广平最为企盼的课程，每次她都坐在第一排，晶亮的眸子里写满了感佩与崇敬。

身材颀长高大的许广平也给鲁迅留下了深刻的印象，她常常积极活跃地起立发言，很有自己的独特思想与见解。

给鲁迅写第一封信的缘由，许广平已在信中说得十分明白，她是在极大的苦恼中，怀着万分迫切而热诚的心情向鲁迅求教的：

苦闷之果是最难尝的……而苦闷则总比爱人还来得亲切，

总时刻地不招即来,挥之不去。先生!有什么法子在苦药中加点糖分?现在的青年的确一日日的堕入九层地狱了!或者我也是其中之一……先生!我现在希望你把果决的心意缓和一点,能够拯拔得一个灵魂就先拯拔一个!先生呀!他是如何的"惶急待命之至"!

鲁迅回信之快似乎超出了许广平的预料,他大概是一看到信后马上就写了复信的,且洋洋洒洒写了差不多有两千字。他探讨了关于学校与社会黑暗的问题,提到人生的两大难关——歧路和穷途,并告诉许广平自己是如何"在这世上混过去"的。

不过,最令许广平诚惶诚恐的,是她一展开信纸就看到了的鲁迅对她的称呼——"广平兄"。于是在第二封信的开头,她就赶忙提出了自己的疑问,表明了自己愧不敢受的心情:

当我拆开信封,看见笺面第一行上,贱名之下竟紧接着一个"兄"字,先生,请原谅我太愚小了,我值得而且敢当为"兄"么?不,不,决无此勇气和斗胆的。

鲁迅看后,给她耐心讲了"兄"字的含义,让她大可不必"一见而大惊力争"。原来,鲁迅在给老朋友、旧同学或是听他讲课的学生写信时,都称对方为"兄",只是显得更为亲切而已,并不是含有"哥"的意思。如果是给前辈或者比较生疏的人写信才会客客气气地加上"先生""太太""小姐""大人"等称。

许广平闻知终于释怀,看到自己敬爱的老师、著名的大文学家竟然没有一点架子,还如此和蔼、耐心,许广平心中原有的忐忑消失了,她活泼调皮的一面也开始渐渐显露出来了。

在信中她自称"小鬼",说自己在老师跟前瞎捣乱,耽误了老师宝贵的时间,可是听老师信中的教训实在是比上课听讲好得多,她这个小鬼就像在盂兰节上食饱袋足一样。所以就赖着不走了,"先生写两个'山'字那小鬼也不去,烧符也没用,先生还是没奈何的破费点光阴吧!"

为小鬼破费光阴,先生似乎是欣然同意的。他不但以极高的频率与小鬼通信,还时常给她寄去《语丝》《现代评论》等刊物,并指导她写文章,替她在自己主编的《莽原》中发表,使得小鬼"在寂寞的空气里,不知不觉地发生微笑"。

在许广平给鲁迅写第一封信之后一个多月,她第一次走进了鲁迅的家中。当然,是和几位同学一起去的。在那里,她兴奋而好奇地参观了鲁迅的家,走进了被称为"老虎尾巴"的工作室,还见到了鲁迅的母亲鲁瑞和妻子朱安。活泼爽朗的许广平很快就与大家融到了一起,谈天说地十分开心。

后来,鲁迅在信中跟她开了个玩笑,故意给她出了一道考题:你们的研究,似亦不甚精细,现在试出一题,加以考试:我所坐的有玻璃窗的房子的屋顶,是什么样子的?后园已经到过,应该可以看见这个,仰即答复可也!

见老师有如此趣致,许广平自然当仁不让,她娇嗔地说:"考试尚未届期呢,本可抗不交卷的,但考试既要提前,那么现在做了答案,暑假时就可要求免试了倘不及格,自然甘心补考。"

于是她故意一本正经地将鲁迅家的房子详细描述了一遍,接着又不甘示弱地也给老师出了一道题:我们教室天花板的中央有点什么？倘答电灯，就连六分也不给，倘俟星期一临时预备夹带然后交卷，那就更该处罚了。

这是调皮的许广平专门为鲁迅设好的陷阱，因为她知道老师星期一上午才会收到这封信，而上午有课，最快也只能中午回信。但题目问的是教室天花板中央有什么，就算鲁迅早就知道了有什么，经过一上午在教室的逗留，谁知道他不是在这时候才偷偷观察的呢？只要许广平说他作弊，他一定是百口莫辩的。

所以鲁迅只好缴械投降，交了白卷，他无奈地说："这次考试，我却可以自认失败，因为我过于大意，以为广平少爷未必如此'细心'，题目出得太容易了……而一经上课，则无论答得如何正确，也必被冤为'临时预备夹带然后交卷'，倒不如拼出，交了白卷便宜。"

你来我往的鸿雁频传

小鬼与迅师，在你来我往的鸿雁频传中越来越相熟了，彼此也开始互相打趣对方。在一封信里，鲁迅这样说：

广平仁兄大人阁下敬启者，前蒙投赠之大作，就要登出来，而我或将被作者暗暗咒骂。因为我连题目也已改换……尚希曲予海涵，免施贵骂，勿露"勃豀"之技，暂羁"害马"之才，仍复源源投稿，以光敝报，不胜侥幸之至！

一连串的敬称敬辞，一副打躬作揖、毕恭毕敬的样子，还有因为擅自改换许广平题目的惶恐之态,全都淋漓尽致地展现在纸上了,不知许广平看后是否会笑得前仰后合?当然,这只是鲁迅先生"欲抑先扬"的手法罢了,且看他后面的话:

> 至于大作所以常被登载者,实在因为《莽原》有些"闹饥荒"之故也,我所要多登的是议论,而寄来的偏多小说,诗……呜呼,头痛极了!所以倘有近于议论的文章,即易于登出,夫岂"骗小孩"云乎哉!

小鬼先不必得意,你的文章之所以能够频频发表,不是因为你写得好,而是因为我们需要的稿件数量不够了,退而求其次才选择了你的文章。

鲁迅既然敬称"广平仁兄大人阁下敬启者",许广平也就心安理得、毫不客气地接受了,并亲切地称呼鲁迅"嫩弟",还自称为"愚兄"。

> 愚兄风头有心,而出发无术,倘无援引,不克益彰。若不"改换",当遗笑柄,我嫩弟手足情深恐遭牵累,引己饥之怀,行举斧之便,如当九泉,定思粉骨之报,幸生人世,且致嘉奖之词,至如"专擅"云云,只准限于文稿,其他事项,自有愚兄主张,一切毋得滥为妄作,否则"家规"犹在,绝不宽容也。

面对"嫩弟"鲁迅的发难,"广平兄"显得颇为宽容大度,对"嫩弟"擅自改动自己文章表示理解与赞同。鉴于"嫩弟"在文学方面的地位和造诣,若遇文稿问题,他可以自作主张，但在其他方面则必须由广平兄做主，若有违背，则要家法伺候了。

好一句巧妙又亲昵的"'家规'犹在"，这对"兄弟"已经像一家人一样了。

接着，广平兄又以长者的口吻"语重心长"地教导了鲁迅一番：

嫩弟近来似因娇纵过甚，咄咄逼人，大有不恭之状以对愚兄者，须知"暂羁""勿露"……之口吻，殊非下之对上所宜出诸者，姑念初次，且属年嫩，以后一日三秋则长成甚速，决不许故态复萌也，戒之念之。

"娇纵过甚，咄咄逼人"，这两句话用来形容许广平倒是极为贴切。满纸的不分长幼，没大没小，活泼调皮，可见鲁迅对她是多么宠爱和娇惯了，否则一个小小的女学生又怎敢拿一位大文豪随心所欲地开涮呢！

这封信到此并没有结束，许广平还特意附了一篇文章《罗素的话》。这是她从罗素著作中摘录出的几段话。因为鲁迅曾教训过她写文章总有偷懒、敷衍之意，并吓唬她说，再有这种恶劣行径，则必遭猛烈打击。而许广平却偏偏顶风作案，干脆连写也不写，直接"复制粘贴"就搞定了一篇。

鲁迅收到这信，自然是当仁不让，见招拆招。他从1925年7月12日的《京报》上剪了一块，针锋相对地取了个名字《京报的话》，然后附在信中寄给许广平。并在剪报下方批注：

"愚兄"呀！我还没有将我的模范文教给你，你居然先已发明了么？你不能暂停"害群"的事业，自己做一点么？你竟如此偷懒么？你一定要我用"教鞭"么？？！！

"害群"的事业，这是有典故的。女师大风潮时期，杨荫榆曾在学校贴出布告，宣布开除许广平等六位同学，那布告上有"开除学籍，即令出校，以免害群"一句。因而鲁迅就给她起了一个"害马"的外号，缩写为"HM"。

许广平对这个外号倒是没有什么抗议，因为她的心思都集中在那方剪报上了。她以为在这里面一定暗含了鲁迅一些文外深意，于是仔仔细细将剪报上的内容挨个字词看了个遍。结果却什么也没看出来，满篇都是招生、租房子、启事声明等等。最后广平兄终于反应过来，原来自己被"嫩弟"鲁迅给捉弄了。"是知嫩棣棣之恶作剧，未免淘气之甚矣。"

鲁迅也有"淘气"的一面，这恐怕只有许广平才能看得到吧。

得到了"淘气之甚"的评价后，鲁迅似乎受到了鼓舞，将自己这一本领更加充分地发挥展示了一下。在回信中，他很有针对性地把许广平的"责难"按章节逐一驳回：

第一章"嫩棣棣"之特征。

1. 头发不会短至二寸以下，或梳得很光，或炮得蓬蓬松松。
2. 有雪花膏在面上。
3. 穿莫名其妙之材料（只有她们和店铺和裁缝知道那些麻烦名目）之衣；或则有绣花衫一件藏在箱子里，但于端节偶一用之。
4. 嚷；哭……（未完）

第二章论"七·一六"之不误。

"七·一六"就是今天,照"未来派"写法,丝毫不错。"愚兄"如执迷于俗中通行之月份牌,可以将那封信算作今天收到就是。

……

第四章"其妙"在此。

《京报的话》承蒙费神一通,加以细读,实在劳驾之至。一张信纸分贴前后者,前写题目,后写议论,仿"愚兄"之办法也,惜未将本文重抄,实属偷懒,尚乞鉴原。至于其中有"习作谦之伟绩",则连我自己也没有看见。因为"文艺"是"整个"的,所以我并未细看,但将似乎五花八门的处所剪下一小"整个",封入信中,使勃豀者看了许多工夫,终于"莫名其抄",就算大仇已报。现在居然"姑看作'正经'",我的气也有些消了。

……

第九章结论。

肃此布复顺颂

曦祉。

第十章署名。

鲁迅。

第十一章时候。

中华民国十四年七月十六日下午七点二十五分八秒半。

这封信,颇有当今"恶搞"之风。全文一共分为十一章,前八章分别谈了八个话题,论点鲜明,论证充分,理直气壮中还不忘随时戏弄许广平一番。最后三章别出心裁,将结语和落款都分章列出,并且日期还精确到了"八秒半"。难怪此信被许广平称作是一篇"滑稽文",并且"该文有人名,时候,地址……按规矩,应当排成十一幕剧本,而不合于章回小说或讲义的体裁"。

看这封信的日期"中华民国十四年七月十六日下午七点二十五分八秒半",如此精准,而紧接着一封信的落款便是"七月二十九或三十日,随便"。

一贯严肃的中年男人鲁迅,在爱情里变成了调皮的孩子。

我可以爱,你战胜了

情书,是表达真挚爱情的书信,理应涌动着浓郁的感情浪潮,充斥着柔情蜜意。可是翻遍了《两地书》,也找不到类似徐志摩情书中"我的肝肠寸寸的断了"之类的话。

在《两地书》中,随处可见悠然琐碎的小闲事。两个人不厌其烦地向对方报告自己的生活细节,吃饭喝水、添减衣物、跟谁吵架或是跟谁纵酒、趣事或者恼事。在别人眼里,似乎颇有些无聊,但在热恋中的鲁迅和许广平心里,这却是最安静最温暖的讯息。

鲁迅与许广平在正式同居以前写的情书,几乎每篇都可以分成两个部分。开头和结尾两人针锋相对互损几句,或是随意调侃一下对方,好像在悠闲慵懒地躺着闲话;而正文内容则是一本正经地讨论现实问题,什么学生运动、社会风波、经济政策、北伐战争等等,仿佛是在会议桌旁正襟危坐地商讨大事。

师生两人在情书里玩起了捉迷藏,都想探知对方的态度,又想极力隐藏自己的心意。一个个文字游戏，一次次暗暗试探，使得他们的情书中飘浮着一种微妙可喜又不可言说的空气。在那些故意奚落和佯装生气的语句里，爱的柔情却更加婉转而醉人了。

女师大风潮惊动了教育部，在将近三个月惩治镇压无果的情况下，教育总长下令驱赶学生，查封宿舍，停办女师大。

许广平的家乡远在广东，被迫离开学校后便无处可居了。于是，鲁迅便让她住到了自己家中。当然，他也为许广平安排了一项任务——抄稿子。

据说，许广平抄稿子的速度很快，有时甚至是废寝忘食地抄，曾经持续不停地抄过一万多字。

鲁迅感激她的辛苦劳动，也很心疼她。有一次，鲁迅怜惜地对她说，你太辛苦了，说着还握了握她的手。这大概是他们第一次"亲密接触"吧，也正是这轻轻一握，让许广平感受到了鲁迅超出寻常的一丝关爱。

朝夕相处一段时间后，鲁迅和许广平的感情逐渐升华，彼此之间爱情的朦胧意识已经渐渐变得清晰，只差最后一层窗户纸了。

这层窗户纸是许广平点破的，她已接收到了鲁迅爱的讯息，便大胆地给予了回应。也可以说，如果没有她的决绝热烈，这份姻缘是不会修成正果、最终成为文坛一段佳话的。

在许广平热情飞扬的青春里，鲁迅这块刚烈的硬骨头渐渐被融化了，他第一次感受到了爱情的美好气息。可是，他却一直犹豫不决，不敢轻易接受。

这个时候，鲁迅已经四十五岁了，身体也已渐入老境；而许广平只有二十多岁，年轻活泼。鲁迅虽是大文学家，又是大学教授，可是并没有十分丰厚的资财，他担心广平跟着他会受穷、吃苦。况且一向愤世嫉俗、刚直不阿的鲁迅，早就是当局眼中的危险分子了，在北平时就常有特务假扮成青年学生、记者等，到家里借机探查。鲁迅不愿意让许广平跟自己一起分担这份风险。

最重要的是，鲁迅家中已有一个原配妻子朱安，尽管他从不爱她，也从未与她行过一天夫妻之礼，但毕竟还有夫妻之名。接纳了许广平，又该给她怎样的名分呢？曾经面对黑暗现实，勇敢疾呼着"真的猛士，敢于直面惨淡的人生，敢于正视淋漓的鲜血"的鲁迅，在爱情里却有些畏惧，退缩了。

但许广平却丝毫不在乎这些，鲁迅的年龄、健康、财产、地位全不在她的考察范围内，她唯独看到的是他内心的崇高与善良，以及那二十多年孤苦无爱的寂寥，她是真心愿意与他荣辱与共，相伴一生。因此，在鲁迅犹豫不定时，许广平勇敢而果决地伸出了自己的一双纤手，拉起他共同迈向了他们新的生活、新的希望。鲁迅终于坚定地表达了自己——"我可以爱！"

1925年10月，许广平在《国民新报副刊》发表了《同行者》一文，公开表达了对鲁迅的爱慕，她说，她丝毫不畏惧"人间的冷漠，压迫"，要"一心一意地向着爱的方向奔驰"。

此外，在《风子是我的爱》一文中，许广平更加热情直白地吐露了自己对"风子"鲁迅的爱情以及不顾一切束缚也要与之结合的决心，并细腻地记下了他们定情的那一刻：

风子是我的爱,于是,我起始握着风子的手。

奇怪,风子同时也报我以轻柔而缓缓的紧握,并且我脉搏的跳荡,也正和风子呼呼的声音相对,于是,它首先向我说:"你战胜了!"

它——风子——承认我战胜了!甘于做我的俘虏了!即使风子有它自己的伟大,有它自己的地位,藐小的我既然蒙它殷殷握手,不自量也罢!不相当也罢!同类也罢!异类也罢!合法也罢!不合法也罢!这都于我们不相干,于你们无关系,总之,风子是我的爱……呀!风子。

只有你,是我相思的方向

1926年夏天,鲁迅接受厦门大学文学系主任林语堂的邀请,准备到厦门大学国学院任教。许广平也已从女师大毕业,经人推荐,打算到广东女子师范学校教书。这样,两人便有机会一同南下了。

临行前他们商议,这两年先暂时分别,一个在广州,一个在厦门,彼此暂把思恋收起,好好地为社会做事,也为今后的共同生活多做一些经济上的准备。

此时二人的关系依然尚未公开,只有比较亲近的个别朋友隐隐看出了一些端倪。因此,即使在双双南下时,他们也故意使了障眼法,先一起到上海,然后从上海分开,各自乘船驶往广州和厦门。

原本说好不为分别而难过的,可是船还没有起航,许广平就在舱中开始给鲁迅写信,倾吐心中的思念和寂寞。她的信更像是日记,每一篇都以记"流水账"的笔法,将自己在船上的所见所闻、每天的饮食起居全都一点一滴地写在纸上。如果不是最亲密的爱人,谁会对这些絮絮的小碎语感兴趣呢?

甚至还未下船,许广平就急忙向人打听如何从厦门到广州更为近便:

听说过厦门,我就便打听从厦门至广州的船。据客栈人说:有从厦至港,由港再搭火车(没有船)至粤,但坐火车中途要自己走一站,不方便,而且如果由广州至港,更须照相找铺保准一星期回,否则向铺索人,此路"行不得也哥哥"。有从厦至汕头者,我想这条路较好,由汕至广州,不是敌地,检查……省许多麻烦,这是船中所闻,先写寄,免忘记,借供异日参考。

鲁迅也同样牵挂着许广平,一到厦门他便写了一封信,信中说:"我在船上时,看见后面有一只轮船,总是不远不近地走着,我疑心是广大。不知你在船中,可看见前面有一只船否?倘看见,那我所悬拟的便不错了。"

安顿好之后,他们便在信中精心绘制了各自住所的"户型图",以便能让对方更加直观详细地了解自己的生活情况。鲁迅细心地画了五幢房子,并标注出第几幢第几层第几个窗户是自己住的;许广平则画得更为细致,特别注重宏观微观的双重把握,不但有房子外观的全景式扫描,还将屋里的内部构造都一一描绘出来,甚至连邻居家放在过道里的锅碗炉灶都画得清清楚楚。

这是鲁迅和许广平相恋后第一次分离,相思之情自然溢于言表，但他还是时常在信中故意逗一逗他那调皮的"小鬼"。他告诉许广平，他的学生渐渐多了起来，并且有不少都是其他科系来旁听的，其中还有五名女生。对于这五名女生，鲁迅"决定目不邪〔斜〕视，而且将来永远如此，直到离开厦门，和HM相见。"

看到鲁迅这封信，许广平也忍不住笑了，她回信调侃道：

这封信特别"孩子气"十足，幸而我收到。"邪〔斜〕视"有什么要紧，习惯倒不是"邪〔斜〕视"，我想，许是蓦不提防的一瞪吧！这样，欢迎那一瞪，赏识那一瞪的，必定也能瞪的人，如其有，又何妨？

也许只有在爱情里，一个严肃老成的男人，才会愿意在比自己小十七八岁的女孩面前表现出淘气、滑稽和孩子气吧。这种"孩子气十足"的体现甚至有一点在母亲面前撒娇的意味。

我又在玩，——我这几天不大用功，玩着的时候多——所以就随便写它下来。

明天是季刊交稿的日期，所以昨夜我写信一张后，即动手做文章，别的东西不想动手研究了，便将先前弄过的东西东抄西撮，到半夜，今天一上半天，做好了，有四千字，并不吃力，从此就预备玩几天。

今天忽然有瓦匠来给我刷墙壁了，懒懒地观了一天。夜间大约也未必能静心编讲义，玩一整天再说罢。

自从分隔两地后，鲁迅与许广平的通信频率大大增加了，几乎是每天都写一两封。有时候刚刚封了口,又想起还有一句话没有说,于是便拆开补上再寄。

但即便这样,也难解相思之苦。在热恋中真情不能自已的鲁迅,为了能让恋人早一点收到自己的信,早一点回复,他竟然在深夜里跳栅栏去寄信,以至于遭到许广平的"严厉批评":

现时我要下命令了,以后不准自己把信半夜放在邮筒中。因为瞎马会夜半临深池的,十分危险,叫人捏一把汗不好。

此时的鲁迅,完全是一副刚陷入恋爱的毛头小伙子模样。

他们收信写信如此心急,是否是因为急于倾听对方的甜蜜情话呢?

答案是不是。

今天晚饭是在一个小铺里买了面包和罐头牛肉吃的,明天大概仍要叫厨子包做。又自雇了一个当差的,每月连饭钱十二元,懂得两三句普通话。但恐怕很有点懒。

……

广东常有雨,但雨一停立刻就可以出街,无雨则甚热,上课时汗是直流的。前天晚上热极了,无论如何不能合目,手总不停扇,日间也如此。

现时我又和你写信了。卅日写起了一纸,本待寄去,又想,或者就收到你信,所以又等着,到现在,四天了,中间有礼拜六、日,我想明天或者有你来信,但是我等不及了,恐怕你盼望，就先寄给你吧！

现时是十点半，是我自己的时间了。我总觉得好久没有消息似的，总是盼望着，其实查一查，十八才收过信，隔现在不过三天。

……

在鲁迅和许广平的这些情书中，既没有《爱眉小札》里徐志摩那么激情热烈的表白，也没有《从文家书》中沈从文如诗如画的优美。满纸都是关于自己生活状况的详细汇报，以及对对方生活状况的详细询问。两人的谈话内容已经从空泛的思想交流过渡到了实实在在的生活起居。彼此都恨不能把自己每分每秒做的事告诉对方，同时也恨不能将对方每分每秒做的事都了然于胸。

或许，只有把对方当作了另一半的自己，才会是这样的心态吧。

日子一天天地流过，在广州的许广平和在厦门的鲁迅，就这样又亲切又温暖地爱着彼此。

天气渐渐凉了，许广平为鲁迅精心编织了一件毛绒小背心，一针一线地将自己满怀的爱意织了进去。鲁迅收到后，满足又幸福地说："包裹已经取来了，背心已穿在小衫外，很暖，我看这样就可以过冬，无须棉袍了。"小背心的确很暖，不但暖了鲁迅的身，更暖了他的心。

许广平则笑着数落他："穿背心，冷了还是要加棉袍、棉袄……的，这样就可以过冬吗？傻孩子！包印章的白色东西，是在京买而经用过的；你看得出吗？一个图章何必特去上海买印泥呢，真是多事了。"

在许广平眼里，鲁迅就是这样一个时时让她操心的傻孩子呢！

许广平提到的印章，是她某一天逛街时在一家铺子里请人刻的。不过是一枚普通的印章，上面刻着白文的"鲁迅"二字，但鲁迅听说后却非常期待。还没有收到东西，他就急忙托人去上海购买上好的印泥。大概在他心里，只有最好的印泥，才配得上许广平专门为他订制的印章吧。

鲁迅喜欢发牢骚，不但在文章中发，在情书里也发。不过，文章中的牢骚可能会引起别人的厌恶和攻击，而情书中的则会换来许广平的理解与安慰。

你向我发牢骚，我是愿意听的，你说的我相信是实情，这样，还不至引起"虑"的程度。你的性情特别，所以和平常人不同……你有闷气不妨向我发，但愿莫憋闷在心里。

能有一个人乐意听你的抱怨和牢骚，愿意敞开心怀接受你所有的闷气，的确是一种难得的幸福呢。

终于，他们等到了一个相聚的机会，广州国立中山大学校长朱家骅邀请鲁迅前去任职。

在国立中山大学，鲁迅担任文学系教授并兼任教务主任。因此除了上课，他还有许多教务工作需要处理。许广平自然就成了他得力的助手。两个月后，鲁迅和历史系教授徐寿棠搬到了校外一栋房子里居住，许广平作为助手也搬了进来，两位教授的饮食起居都由她尽心照管。

这样，到1928年他们起程前往上海定居时，彼此的心灵和命运已经紧密结合在一起了。

鲁迅和许广平来到上海后，租住在景云里一座三层小楼里，正式开始了同居生活。

鲁迅曾担心自己年纪大、身体差，以及已经有了一段名义上的婚姻，不能给许广平名分，怕辱没了她。但许广平却不在乎这些，她甚至认为：两性的生活，是除了当事人，没有任何方面可以束缚的；而彼此间情投意合、以同志相待、相亲相敬、互相信任，就不必有任何的俗套。不是一切旧礼教都要打破吗？所以，假使彼此间的某一方面不满意，绝对不需要争吵，也用不着法律解决。没有同住一起的必要，那么马上各自散开。

她自己是准备着始终能自立谋生的，绝不像攀缘的凌霄花，借鲁迅的高枝炫耀自己！她也绝不是卧室里的一件家具，她一直都和鲁迅站在一起，共享雾霭、流岚、虹霓，共同分担寒潮、风雷、霹雳……

无情未必真豪杰

鲁迅与许广平在一起的消息很快传回了北平家中，两人的合照也到了朱安手中。她的表情似乎与往常并没有什么不同，当别人问起她时，她说："我早就猜到了。以前他们常常一起出门去……"

朱安一生的命运几乎就是封建时代不幸女子的缩影。她自从嫁到鲁迅家,始终勤勤恳恳,战战兢兢,她总是毕恭毕敬地称鲁迅"大先生",满心期盼着她的大先生能够回心转意,给她哪怕一丁点的爱。

可是现在,鲁迅有了许广平,朱安的希望彻底被打碎了。她无不失落而悲哀地说:"我好比是一只蜗牛,从墙底一点一点往上爬,爬得虽慢,总有一天会爬到墙顶的。可是现在我没有办法了,我没有力气爬了。我待他再好,也是无用。"

这个时代酷似那风月宝鉴,一面光滑艳丽、诱惑至极,另一面则暗淡低迷、恐怖至极。但那光华的一面颓废无耻、贻害无穷,那灰暗的一面却往往能发人深省、救灾治病。鲁迅自然是那镜子的反面了:外凶恶而内仁厚的一个怒目金刚、慈悲大士。许广平和朱安则大约俱在镜子中间:许广平虽略光明些却并不惑乱世人,朱安则自己低迷也无力救助别人。

鲁迅终于迈出了无爱婚姻的牢笼,与许广平在上海建立起了小家庭,生活安定幸福。不久后,朋友们就渐渐发现,鲁迅的精神状态似乎好了很多,健康状况也得到很大改善,身上的衣服也整洁多了,文学创作更是令人瞩目。

自然,这一切都是许广平的默默奉献换来的。大约上苍总不忍心让一个伟大的灵魂孤寂一生,所以派了她来安慰、照顾鲁迅。

在那段艰苦清贫的日子里,许广平始终与鲁迅奋斗在一起。鲁迅写文章,她费尽心思为他查找搜集资料;鲁迅的译著,她熬夜为他校对;鲁迅的重要演讲谈话,她细心记录整理;鲁迅对自己的手稿十分大意,常常随手丢掉烧掉,而她则跟在他身后不断地抢救保存那些珍贵的稿件。

鲁迅曾万分感恩地紧握许广平的手,对她说:"我就爱你一个人。我要好好地为中国做点事,才对得起你!"

不久,许广平怀孕了。在这期间,鲁迅因母亲身体不适而回到北平探病。短短二十二天的离别中,他们就写了二十一封信,足可见伉俪情浓。也正是在这段时期,他们开始用"小白象"与"小刺猬"来称呼对方。

"小白象"是源自林语堂的一篇文章,他在文中称赞鲁迅是一头白象。象大多是灰色的,白象极为难得、珍贵。故而许广平便称呼鲁迅为"小白象"。"小刺猬"则是因为鲁迅有一块石刻镇纸,上面镌着一只可爱的小刺猬,因此许广平也就有了"小刺猬"的名号。

小白象:今天下午刚发一信,现时又想执笔了,这也等于我的功课一样,而且是愿意习的那一门,高兴的就简直做落去罢,于是乎又有话要说了——

小刺猬:听说上海北平之间的信件,最快是六天,但我于昨天(十八)晚上姑且去看看信箱——这是我们出京后所设的——竟得到了十四日发的小刺猬信,这使我怎样地高兴呀。

夫妻间的思念与日俱增。

许广平在信中告诉鲁迅,她给他寄信从来不托人带去,也不放进路边邮筒和邮局门口的邮筒里,她总要亲自送到邮局,投入到里面的信箱里,总觉得这样便可以寄得快一些。

年近半百的鲁迅也多了几分孩子气,有一封信的落款,他竟然画了一只仰着鼻子的小白象。许广平看后忍俊不禁,便在回信中画了一只耷拉着鼻子的小象。

同时，许广平的昵称又多了两个——"小莲蓬"和"小莲子"。"莲"在古诗文中有着爱的含义，羞涩又甜蜜。鲁迅特别列出了一个等式：小刺猬＝小莲蓬＝小莲子，还常常新鲜别致地将两个名字连在一起称呼：

小刺猬和小莲子，我是好的，很能睡，饭量和在上海时一样，酒喝得极少，不过壹小杯蒲陶〔葡萄〕酒而已。家里有一瓶别人送的汾酒，连瓶也没有开。倘如我的豫〔预〕计，那么，再有十天便可以面谈了。小莲蓬，愿你安好，保重为要。

1929年9月27日，他们的儿子出生了。当时许广平难产，好在最终母子平安。当鲁迅得知生下的是一个儿子时，既欣喜又佯装埋怨地说："是男孩，怪不得这么可恶。"

孩子的名字是鲁迅想的，学名就叫"海婴"，意为"在上海出生的婴孩"。至于乳名，则费了一番心思，最后想出了一个"小红象"，因为红象和白象一样珍贵。

每当深夜里海婴哭闹时，鲁迅就会抱起他在屋中慢慢地走来走去，口中不停地念叨着自编的歌谣：

小红，小象，小红象，
小象，红红，小象红；
小象，小红，小红象，
小红，小象，小红红。

鲁迅年近五十才得子，自然对这孩子宠爱至极。鲁迅曾买过一本育婴书，并按照书中要求将家中陈设布置全部重新安排了一番。朋友开玩笑说他溺爱孩子，鲁迅便写下了一首《答诮客》作为回复：

无情未必真豪杰，怜子如何不丈夫。

知否兴风狂啸者，回眸时看小於菟。

小白象和他的爱妻小刺猬、爱子小红象一同生活在幸福里，这幸福又深、又纯、又浓，可惜却不长……

情深的悲剧，以死来句读

1936年10月16日清晨，鲁迅在上海逝世了。这一年，许广平三十八岁，周海婴年仅六岁。

泪眼蒙眬中，时光恍恍惚惚回到了1923年。第一次见到鲁迅时的情形，依然清晰地显现在许广平的脑海中。

那一天，上课的铃声还未响起，教室里一片嘈杂，"突然，一个黑影子投进教室，首先惹人注意的是他那大约有两寸长的头发，粗而且硬，笔挺地竖立着，真当得'怒发冲冠'的一个'冲'字"。

女学生们好奇地观察这位先生，他穿着的暗绿夹袍和黑马褂都已经褪色了，浑身上下几乎都连成了一片。满身的补丁犹如夜空中繁星点点，每当他在讲台上跳上跳下时，两个膝盖上的大补丁也便显露无遗。女学生们都忍不住笑了，还有人悄声说，这位先生活像出丧时乞丐们的头儿。

可是，当先生开口，缓缓吐出一阵阵暖风般的话语时，整个教室立刻变得寂静无声了，每个人都像做梦一般沉醉在那初春的和煦之中……

一朵红硕的花终究枯了。悲痛中，许广平为鲁迅先生写下了一首挽词：

悲哀的雾围笼罩了一切。
我们对你的死，有什么话说！
你曾对我说：
"我好象一只牛，
吃的是草，
挤出的是牛奶，血。"
你"不晓得什么是休息，
什么是娱乐。"
死的前一日还在执笔。
如今
希望我们大众
锲而不舍，跟着你的足迹！

许广平默想："等我终于整理了你的书稿，终于养大了海婴，便也来寻那安静的去处。"

从定居上海到鲁迅去世，将近十年的岁月里他们相互扶持，相依相伴，彼此既是师生，又是夫妻，还是挚友。鲁迅曾在赠送许广平的《芥子园画谱》中满怀深情地写道："十年携手共艰危，以沫相濡亦可哀。聊借画图怡倦眼，此中甘苦两相知。"

"忘了我，过好自己的生活。"这是鲁迅生前对许广平最后的嘱托。然而，许广平却没有做到，这是她平生唯一一次违背他的意愿。

在鲁迅去世后，她克服了重重困难，不遗余力地整理搜集保护他的著作。甚至为了那些珍贵遗物免遭劫难，她还曾经在日本宪兵队忍受了两个多月的酷刑。

鲁迅曾在逝世前一年对自己的文学创作做了总结："我从在《新青年》上写《随感录》起，到写这集子（《且介亭杂文二集》）里的最末一篇止，共历十八年，单是杂感，约有八十万字。后九年的所写比前九年多两倍；而在这后九年中，近三年所写的字数，等于前六年。"

可以说，鲁迅在生命最后时期取得的灿烂成就，许广平功不可没。她有着与他平等的人格，有着与他同样坚强的意志；鲁迅若是一株橡树，她便是他近旁的一株木棉！

在《两地书》序中鲁迅曾说：如果定要恭维这一本书的特色，那么，我想，恐怕是因为它的平凡罢。……回想六七年来，环绕我们的风波也可谓不少了，在不断的挣扎中，相助的也有，下石的也有，笑骂诬蔑的也有，但我们紧咬了牙关，却也已经挣扎着生活了六七年。

一本流传于世的《两地书》，让我们看到了一代文豪在生命的最后十年所享有的爱情盛宴。

它很短暂，但却永远辉煌！

高君宇和石评梅

最远的你是我最近的爱

"我是有两个世界的：一个世界一切都是属于你的，我是连灵魂都永禁的俘虏；在另一个世界里，我是不属于你，更不属于我自己，我只是历史使命的走卒。"

"从此我已是傀儡生命了，为了你死，亦可以为了你生，你不能为了这样可傲慢一切的情形而愉快吗？我希望你从此愉快，但凡你能愉快，这世上是没有什么可使我悲哀了！"

"昨天，我忽然很早起来跑到店里购了两个象牙戒指。一个大点的我自己戴在手上，一个小的我寄给你，愿你接受了它。或许你不忍吧！再令它如红叶一样的命运。愿我们用'白'来纪念这枯骨般死静的生命。"

"诚然，我也愿用象牙的洁白和坚实，来纪念我们自己静寂像枯骨似的生命。"

……

　　人前轻轻的微笑掩饰了你的泪痕却遮盖不住你内心的痛楚，你将一把利剑插在了胸口，就连最爱你的人也望而却步。世界上最遥远的地方不是天涯海角，而是你站着的地方；不是你站着的地方，而是我抚着的墓碑；不是我抚着的墓碑，而是我唱的一曲曲哀歌；不是一曲曲哀歌，而是我交出的真心。

　　当一阵清风吹过，当一只杜鹃哀啼，当一片红叶陨落，当一颗流星划过，你是否能听到我的心语：生前未能相依共处，死后愿得并葬荒丘。

　　"假如我的眼泪真凝成一粒一粒珍珠，到如今我已替你缀织成绕你玉颈的围巾。

　　"假如我的相思真化作一颗一颗的红豆，到如今我已替你堆集永久勿忘的爱心。

　　"哀愁深埋在我心头。

　　"我愿燃烧我的肉身化成灰烬，我愿放浪我的热情怒涛汹涌，天呵！这蛇似的蜿蜒，蚕似的缠绵，就这样悄悄地偷去了我生命的青焰。

　　"我爱，我吻遍了你墓头青草在日落黄昏；我祷告，就是空幻的梦吧，也让我再见见你的英魂。"

一剪寒梅初绽放

太行山西麓的平定县内,有一座被称为"石家花园"的宅院。它背山面水,依势而建,既有北方之雄峻气概,又有南方之隽美韵味。宅院中各屋门上悬挂着的"文魁""大夫第"等匾额,显示了这是一个世代书香之家。石家在当地很有名望,当时的主人石铭,字鼎丞,雅号"山岳髯一石",是一位清末举人。

石铭已有一子,四十六岁时,第三任妻子又生了一个女儿。捧着粉雕玉琢的小女儿,石铭喜不自胜。他将这个"老来女"视如掌上明珠,因而乳名便唤作"元珠",又为她精心取了一个学名"汝璧",寄寓了"润泽温和、白璧无瑕"之意。

小元珠在父母的疼爱中安然成长着。她活泼、灵巧,酷爱读书。每当她撒娇哭闹时,只要给她手中塞一本书,特别是有图画的书,她总会很快欢喜起来。小小年纪的元珠,日诵《唐诗三百首》,不久便可通本熟记。父母颇感惊讶,此后便对她愈加疼爱,更为精心地培育她了。

诗词文章自然由父亲来传授,绘画的天分则继承自母亲。小元珠最爱画的要数梅花了,梅花的清瘦、高洁、雅逸、飘然,她都能把握得很好。她曾为邻居家画过四条工笔重彩的梅屏,白雪红梅相映成趣,吸引了很多乡亲的目光。

她爱梅成痴。不仅喜欢画梅、咏梅,连平时写字用的,都是印有梅花图案和梅花诗句的"梅花笺"。不久之后,山城的人们便熟知了一个新的名字——石评梅。

石评梅读完小学后，直接升入省城太原的女子师范学校。学校不但负责她的吃穿，给她住的也是全校最好的宿舍，这是对高才生的特别优待。

石评梅没有辜负学校的期望和优待。她的成绩优异，诗词和书画尤为出色，还弹得一手好风琴。每遇重要的演出活动，她那如梦如幻的悠扬琴声，便会陶醉了全场的师生。很快，省城的人们便知道了这位晋东才女的名字。甚至连当时掌管山西军权的都督阎锡山，都有心思将石评梅聘给自己的儿子做媳妇。

可是他很快就失望了，石评梅似乎并不符合一个传统儿媳的标准，反而颇有几分男人的豪气。她在学校里广泛阅读进步报刊，曾顶撞来校训话的阎锡山夫人，还鼓动同学们贴标语、喊口号，掀起了一次不小的风潮。

种种狂举，令阎锡山彻底打消了将她聘为儿媳的念头。学校也在一怒之下将她开除，但不久之后，又因舍不得她那一身卓绝的才华而恢复了她的学籍。

一剪寒梅，已经幽幽地发出澄明芬芳的香气。她将要在饕风虐雪中傲然绽放，气条劲梢直冲云天。

1919年，石评梅在老父石铭的全力支持下，考入北京女子高等师范学校继续深造。这一年，"五四"惊雷骤然炸响，石评梅和众多的进步青年一样，怀着追求光明和自由的理想，为着心中那块绿洲而呐喊、奋斗。

可是在家中，年过花甲的石老先生，却放心不下自己的小女儿。他想起临行前整装待发的女儿，月白衣衫，元色裙，清清爽爽，宛如一只振翅欲飞的小鸟。这个从小被家人疼爱呵护如公主般的女孩，第一次离家远行，要去那暴风雨的中心接受考验，老父心中怎能不担忧！

石老先生思来想去，终于想到了一个很可靠的同乡吴天放。他毕业于北京大学，当时正在一家杂志社任编辑，素来与石老先生交情不错，这次便被委以重任，带着一位慈父的嘱托，当起了护花使者。

然而，石老先生无论如何也想不到，自己此举竟然会在不久之后，将女儿推入深渊。

吴天放一路护送石评梅到京，关切备至。常常嘘寒问暖，以慰石评梅思乡之苦。每逢周末和假期，他便约石评梅同游。或去茶馆喝茶，或去公园漫步，有时也会去参加一些知名的社团活动。

在这个人生地疏的城市，吴天放的热切关怀向孤单的少女心中注入了汩汩暖流。而吴天放原本就是一个潇洒多情的才子，他谈锋爽利，见解独到，从诗词歌赋到人生哲学，侃侃而谈。

十七岁的少女心，对于这样的一个人自然是没有多少抵抗力的，单纯的石评梅对吴天放的感情，逐渐由感激变成崇敬，进而心生爱慕，最终将自己那颗天真纯净的心交付给了他。一枝初开的红梅花就这样被吴天放摘了下来，插在了自己的瓶中。

与吴天放相恋的日子，是石评梅过得最好的时光。她不仅品尝到了爱情的甜美，文学才华也得以淋漓尽致地展现发挥，她不断在《语丝》《晨报副刊》《文学旬刊》等杂志上发表作品，还认识了不少雅好相同的朋友。

文思泉涌的创作灵感、朋友间的亲密友谊、朝气蓬勃的活动，以及吴天放的柔情蜜意，都让石评梅幸福地沉醉着。一枝红梅越发显得灵透可爱、光彩照人了。

一点芳心，冷落成灰

寒冬时节的一天，石评梅闲坐无事，忽然想去吴天放的公寓看望他。此前一直都是吴天放去北京女子高等师范学校找石评梅，而石评梅还从未到他那里拜访过。石评梅一边走，一边想着自己突然出现在吴天放面前的情景：他一定很惊喜，一定会开心地将自己带进屋中，泡杯热茶给自己暖暖身子。

石评梅走着，还专门去踩那还没被人踩过的厚厚的积雪，听那"嘎吱嘎吱"的声音，仿佛就是她心中得意的笑声。

不知不觉走到了吴天放住所的门口，石评梅故作正式地叩门。门开了，出来的却是一个只有几岁的小男孩。

"姐姐，你找谁？"小男孩问道。

"我找吴天放。"石评梅疑惑地答。

"哦！爸爸，"小男孩转身向屋里喊，"有人找你。"

爸爸？石评梅愣了一下。然后，她看到吴天放披着件睡衣匆匆出来了。石评梅刚要张口，又见他身后紧跟着出来一个女人。

吴天放极为窘迫地望着石评梅，低声说："评梅，你怎么找来了？"同时又支支吾吾、慌忙无措地向身边的女人解释道："这……这是我的一个学生。"

石评梅看着这一家三口，顿时明白了一切。她呆立在那里，一句话也说不出来。倒是那个女人敏感地觉察出了二人的关系，她以一副女主人的姿态说："这位小姐，请到屋里坐吧。"

然而石评梅没有等她说完，便冷冷地看了吴天放一眼，转身退出了吴宅。

石评梅不知道自己是怎样回到学校的，外面冰天雪地也丝毫没有令她感觉到冷。因为她的心已经是这个冬天最冰冷的东西了。她想哭，可是刚有一点想要掉泪的感觉，却又倏地断灭了。她已如此绝望，以至于没有什么热量可以将她心中的冷寂融化，她的眼泪早已被她的心冻成了冰。

少女最清澈最洁白的心和最珍贵的初恋，竟然只是别人随意玩乐的游戏！自己付出了全部真心，决定托付终身的男人，竟然是一个衣冠禽兽，是伪君子！

这一天，石评梅在日记中郑重地写下了自己一生的誓词：我决不再恋爱，决不结婚！今生今世抱独身主义！我可以和任何青年来往，但决不再爱。如果谁想爱我，只能在我的独身主义的利剑面前，陷在永远痛苦的深渊里！

第二天，吴天放又到学校来找石评梅。他苦苦哀求石评梅原谅，并告诉她，自己已将妻子和儿子送回老家了。以后他还可以同石评梅继续过从前花前月下、你侬我侬的日子。

石评梅的一颗心被彻底伤透了，她恨自己怎么会如此糊涂，怎么会爱上这样一个没有廉耻的男人。她怒斥吴天放，愤恨地声明与他决裂，从此永远不相往来！

那天之后，石评梅就好像成了一只断翅的小鸟，她整日默然独行，郁郁寡欢。北京女子高等师范学校的运动场上、同乡会的相聚之处、各种演说集会的活动中，再也看不到她英姿焕发的身影了。

她在日记和给好友的回信中说：

"情感是个魔鬼，谁要落在他的手中，谁便立刻成了他的俘虏。"

"上帝错把生命花植在无情的火焰下，只好把一颗心，付与归燕交给母亲；剩这人间的躯干壳，宁让他焚炽成灰！"

明显映在心上的，是天辛

石评梅刚到北平时，吴天放为了缓解她思乡之苦，便常常带她去"山西同乡会"。在北平的山西人，平时多聚在那里，谈古论今，诗酒唱和，醇醇乡音，亲切无比。

有一次，他们刚进屋中便听到了一个铿锵的声音。八仙桌前，一位青年正在激扬文字，指点江山，发表着振奋人心的演说，周围已聚集了好些认真倾听的人。

吴天放告诉石评梅，此人名叫高君宇，也是北京大学的学生。"五四"时北京学生云集游行、火烧曹宅，高君宇便是领导者之一。演讲结束后他们聊了几句，石评梅对这位英雄心生敬意，她被他那一席情绪激昂的演说深深地感染了。

不过自那次相见之后，高君宇和石评梅很长时间都没有再见面。偶有书信往来，也无非是谈谈时事、理想、抱负，互相鼓励，彼此保持着淡淡的友谊。

当时石评梅还在同吴天放谈恋爱，而高君宇也忙得席不暇暖。作为共产主义小组首批成员和中国共产党最早的党员之一，高君宇一直身体力行，将马克思主义理想的种子，撒向祖国大地。

遭受初恋的打击后，石评梅仿佛一朵被风雨凋零的花。她虽然没有直接告诉高君宇自己的状况，但她信中流露出的深切的哀苦，确实是令人一望可知的。当时正是"五四"退潮期，许多青年都感到苦闷、彷徨。高君宇以为石评梅的悲哀也是来源于此，于是便在信中鼓励她说：

"愿你自信：你是很有力的，一切的不满意将由你自己的力量破碎了！过渡的我们，很容易彷徨了，像失业者踯躅在道旁无所归依了。但我们只是往前抢着走罢，我们抢上前去迎未来的文化罢！"

一段时间之后，高君宇才从朋友那里得知石评梅的事情。于是，他便去信安慰她，希望她尽快振作起来。

高君宇在北京大学经常参加一些社团活动，他介绍石评梅以校外会员的身份加入其中，并多次邀请她参加在京城南部陶然亭举行的聚会，以便让她的情绪能够尽快恢复。

石评梅极爱陶然亭的景致。然而，这里的月亮、晚霞、池塘里的芦花，在她眼中都是寥廓而凄静、萧森且清爽的。她甚至说，这些"都是特别为坟墓布置的美景，在这个地方埋葬几个烈士或英雄，确是很适宜的地方"。

高君宇和石评梅的接触逐渐增多，他越来越觉得石评梅是一个琴心剑胆、蕙质兰心的女子。她的敏感、才情，以及她眉目间的淡淡哀伤，都令高君宇倾心不已。

1922年年初，高君宇远赴莫斯科参加一次会议。他刚一回国，便来到北京女子高等师范学校看望石评梅。石评梅好奇而开心地听他讲述在欧洲的所见所闻，两人时时发出愉快的笑声，空气中也仿佛飘浮着丝丝暖意。

若干年后，石评梅依然清晰地记得这次会面。她写道：明显映在心上的，是天辛（高君宇的化名——笔者注）由欧洲归来初次看我的情形。那时我是碧茵草地上活泼跳跃的白兔，天真娇憨的面靥上，泛映着幸福的微笑！

1923年，石评梅从北京女子高等师范学校顺利毕业了。校长徐寿棠向师范附中的校长林砺儒力荐她。林校长选聘教师的要求是"德性、技术、才干并重"。石评梅受之无愧。

于是当年9月，石评梅就成为师范附中的女子部学级主任，兼任体育教员。

附中当时的教员宿舍是在一座废弃的古庙中，院内蔓草丛生，屋中条件简陋，显得有些荒凉、破败。不过，斯是陋室，唯其主人德馨。经过石评梅及好友庐隐、陆晶清巧手灵心的装扮，这间小屋便像被仙女的魔棒指点过一般，变成了一个高洁、雅致的所在。

淡雅的窗帘柔和地垂下，荣宝斋的精美诗笺安放在桌脚，墙上挂着一帧李清照的画像，门口还栽下了菊花和小梅桩。石评梅略一思索，便研磨铺纸，在一张印有淡红梅花的纸上，写下了自己这间小屋的名字——梅窠。

梅窠虽小，却承载了石评梅一生当中最重要、最美好的时光。在这里，她与自己的好友、日后驰名全国的几位女作家庐隐、苏雪林、陆晶清、冯沅君等人相聚畅谈。飘零异乡的女孩们，又是同样的灵气逼人，她们彼此惺惺相惜。高歌、狂笑、长啸低吟,酒杯伴着诗集,颇有名士之风。

也是在这里,石评梅和高君宇书写了一段哀婉悲戚的生死之恋。

一片红叶寄相思

1923年10月26日,夜凉如水。石评梅靠在沙发上随意翻读着手边的书。案头的白菊微微发出幽香,清风拂来,石评梅不禁有了一丝醉意。

这时,有人送来一封信。石评梅拆开信封,只有一张白纸,随后又飘落下一枚红叶。她捡起一看,见红叶上题有两行字:

　　满山秋色关不住
　一片红叶寄相思
　　　天辛采自西山碧云寺　十月二十四日

石评梅怔住了,她知道几天前,高君宇因为工作过于劳碌,致使肺病复发,在西山疗养。这片红叶便是他在那里采下的。

捧着这片薄薄的小叶,石评梅的心海波澜骤起。她为高君宇的一片深情而感动,相识几年来,高君宇给过她无数次的帮助、宽慰、支持,她心存感激,也早已将他引为知己。然而,自初恋毁灭性的打击之后,石评梅就已下定决心今生不再把自己的心交付给任何人。而且,那一次痛彻肺腑的伤害依然让她心有余悸，她已不敢再去爱别人，也更不敢轻易接受别人的爱。

她同高君宇的交往，从来都保持着洁白清澈的"冰雪友谊"。如今高君宇的红叶传情，令她感到有些不安，有些愧疚，她在潜意识中认为是自己欺骗了高君宇，是自己害他陷入这份不该有的感情里。

石评梅心内忧愁焦灼，她灭灯出屋，见月华满地，披衣觉露滋。往事如潮水般涌上心头，又匆匆奔腾而逝，只留下回忆的寂灭，消散不去。

在院里静坐许久之后，石评梅返身回屋，提笔在红叶的反面写下了这样几个字："枯萎的花篮不敢承受这鲜红的叶儿。"

翌日，仍用原来那张白纸包好，给高君宇寄了回去。

石评梅的拒绝似乎是在高君宇意料之中的。他固然为此而伤心不已，却又因着霁月般的襟怀而尊重石评梅的选择。

几天后，石评梅收到了高君宇的回信。在信中，他坦言自己从同乡会后便生出一种想要了解石评梅的心，只是他也有着自己的烦恼，那就是"被父亲系在了铁锁"之下。他如果爱了石评梅，便是一种不忠实的行为。红叶寄情，也是"极不检点的一次，这次竟将真心之幕的一角揭起了"！

在信的最后，高君宇强抑着心中的失落，故作爽然无事的样子对石评梅说：

"朋友！请放心！勿为了这些存心！不享受的供品，是世人不献之于神的；了解更是双方的，是一件了解则绝对，否则整个无的事。"

他提到"被父亲系在了铁锁之下",后来又给石评梅一信,详细告知了此事的来龙去脉。

高君宇1896年出生在山西省静乐县一个商绅家庭。他的父亲高佩天勤俭干练,开办了多家商铺作坊,家业殷富。自孙中山成立中国同盟会后,他父亲毅然加入其中,成了静乐县的主要革命党人之一。

高君宇从小英气十足,颇有其父之风。童年时就和小伙伴们拿着木制刀枪,煞有介事地喊口号:"杀洋人,保中华!"1911年,高君宇考入山西省立第一中学。品学兼优的他很快便受到了老师的器重和同学们的喜爱。

有一次,校长从全校学生中选出了十八位最优秀的学生,并将他们的特长、优点、成绩以及老师的评语一并张榜公布,名曰"十八学士登瀛洲",一时传为美谈。德才兼备的高君宇自然荣登金榜,老师给他的评语是"崇德敦行"。

两年后的一天,高君宇被父亲叫回家中。远远的,他就望见自己家的宅院张灯结彩。进了屋,便被莫名其妙地披上了礼衣。父亲笑盈盈地告诉他,今天是家里给他娶媳妇的日子,新娘就是邻村一户农民的女儿,名叫李寒心。

高君宇顿时愣住了。自己还是学习的年纪,在学校又正是读书得间、手不释卷、斗志昂扬的时候,父亲怎能这时候给自己娶亲呢?何况还是一个自己从未见过的女孩。他立刻向父亲声明自己还要读书,坚决不要这么早成亲。

原本开明的、接受过新思潮影响的高佩天,在儿子的婚事上却顽固得要命。他阴沉着脸,丝毫不理会儿子的抗议。高君宇则在婚礼上大哭大闹,挣脱了礼衣甩在一旁,气得高佩天登时昏了过去。高君宇担心老父怒极伤身,这才听任家人摆布,毫无知觉似的完成了婚礼。

婚后第二天,高君宇便生了一场大病,休养了好久才渐渐痊愈。他端详了一下守在床边的妻子,只见她眉目低垂,沉静、羞涩,倒是很有一番清雅韵致。然而高君宇依旧不肯承认这从天而降的婚姻,他所希望的是娶一位受过教育的、与他志同道合的女孩。

高君宇痊愈后,借移居静养之名返回省城太原,数月不曾归家。他多次写信请求父亲送走李寒心,而父亲则叹道:"现在送她回去,无异于杀了她啊!"

这次婚姻对高君宇的打击非常大,他常常觉得似有桎梏附身,使他心不能安,夜不成眠。再加上事务繁忙,积劳成疾,几年间屡次大病咯血,从此便落下了病根。

高君宇鼓起勇气向石评梅表明了心迹,同时又将自己的实际状况毫无隐瞒地讲出来。与吴天放的卑劣欺骗相比,高君宇的胸襟真真可以称得上明月入怀了。故而石评梅虽婉拒了他,心底仍是感怀不已的。

高君宇也常为此事焦虑烦恼:

"我不将父母的桎梏除下,将宫廷打扫干净,又将何以迎伊?每每焦念,辄至心臆如焚。有时想得不可开交,又悔我不当有示君以心之信。有时感情制胜,却又觉甘心之祭献为何要埋葬不呈于座前?"

"朋友:人是不能克服自己的,至少是不能驾驭自我的情感;情感在花草中狂骋怒驰的时候,理智是镇囚在不可为力的铁链下，所以我相信用了机械和暴力剥夺了的希望，是比利刃剥出心肺还残忍些！不过朋友！这残忍是你赐给我的，我情愿毁灭了宇宙，接受你所赐给我的！"

事实上，石评梅此时对高君宇的犹豫和拒绝还有另一较隐秘的原因。和高君宇身负包办的婚事一样，石评梅也正遭遇遵循礼教和反抗礼教的两难选择。

石评梅的父亲石铭在省城太原的图书博物馆工作时，曾介绍自己一位老朋友的儿子与自己同室办公。这一老一少都有着诸如嗜酒、读书、吟弄诗词等相同爱好，因此便逐渐熟识起来，进而结为了忘年之交。

这位年轻人名叫高长虹，是中国现代文学史上一位重要人物。他创办了有过较大影响的文学社团——狂飙社；他曾在太原、北京、上海等地创办了十几种刊物，出版著作近二十种；他与鲁迅先生的冲突也成为民国文学界最大的一段公案。

石老先生有意将高长虹招为东床佳婿，便在诗酒闲谈间絮絮地讲述爱女石评梅的种种往事，从出生说到现今，几乎是不厌其烦、毫无保留。石评梅放假回乡后，曾听从父亲安排与高长虹见过几次面。石老先生并不知道女儿此时已经有了一位执着的追求者，只是一心一意地想要撮合女儿和高长虹。

然而此事是落花有意、流水无情的遗憾。尽管高长虹对石评梅有心相许，但石评梅对他却并无太多爱的感觉。只是因为高长虹是石老先生亲自选定的，孝顺的石评梅自然不能不顾及老父的想法和情绪。

好在高长虹并没有对石评梅百般纠缠。他和高君宇同是山西省立一中的学生，也有过一些交情。当他听说了高君宇和石评梅的交往之后，便选择了主动隐退，直到高君宇去世之后才又默默出现在石评梅身边。

这是石评梅最为苦恼和纠结的一段时期。初恋伤口未愈、自己的独身信念、高君宇的执着无悔、老父的关切热望……这一切都令她陷入痛苦的矛盾中。

她曾经这样描述此时的自己：我如今已是情场逃囚，经历多少苦痛才超拔得出的沉溺者……心上插着利箭，箭头上一面是情，一面是理，一直任它深刺在心底鲜血流到身边时，我们辗转哀泣在血泊中而不能逃逸。

我是飞入你手心的雪花

1924年的一天，石评梅突发急病猩红热，头痛、吐血、遍体红斑，情况非常凶险。

孤零零的她病倒在梅窠中，一躺便是四十多天。远离故土的孩子，在病中加倍地思念亲人。没有父母家人精心的照顾，也没有医术精湛的医生，在这黯淡凄凉的病榻边，只有好友陆晶清日夜守候，给她无微不至的关怀。

石评梅病得十分严重，时而昏迷，时而清醒，连她自己都不得不悲哀地任命，觉得自己恐怕是过不了这一关了。她甚至连给家人和好友的遗书都写好了放在枕边。

一次，石评梅昏迷了很久才慢慢醒来。此时正是黄昏时分，薄凉的月光照在这沉寂的屋中，越发显得惨淡。石评梅睁开眼睛，看到高君宇正握着她的手跪在床边，头痛苦地垂着，热泪滴落在她的手臂上。

石评梅望着他,忍不住也惨然落泪。自从生病以来,高君宇天天都来看她。甚至在好几个深夜里,他都跑到很远的药店为她配药。而此时,高君宇正受到军警的通缉和追捕,他是将自己的生命安全都抛在了一边啊!

石评梅仿佛忽然明白了高君宇,仿佛真的看到了他那颗真诚的心。但她更害怕了,高君宇已将他的全部心智都奉献给了她,如此珍贵而沉重的祭献,令她不敢轻易承受。

5月下旬,随着石评梅的病情逐渐减轻,高君宇也可以放心离开,回山西完成革命任务了。

然而就在他准备回晋时,他的住地——地安门内腊库胡同十六号杏坛公寓,突然在一天凌晨被军警包围。高君宇用最快速度销毁了重要文件,然后闪身进入厨房,换了一身厨师的衣服,往脸上涂了一把烟灰,便提着一个菜篮子溜出了后门。

当晚,石评梅正在给母亲写信报平安,忽然见高君宇闯了进来。石评梅惊异地看着这个奇怪装扮的人,还来不及笑他,高君宇便急匆匆地告诉她,自己是冒着大险来看她的,今晚十一时便要乘火车逃走。

石评梅的脸瞬时变得惨白,高君宇处境之危险实在令她觉得异常恐怖,高君宇的安全实在令她放心不下。而高君宇则镇静地安慰她,并把石评梅服药的药单从贴身衣袋中取出,留给她以后可以自己去配。

临走时,高君宇给石评梅写了一个名字:Bovia,他说:"我们以后通信因为检查的关系,我们彼此都另呼个名字;这个名字我最爱,所以赠给你,愿你永远保存着它。"

这个词的原意是"强有力的",高君宇将它送给石评梅,便是希望她也可以做一个内心强大的人。此后,石评梅给高君宇信,以及发表文章的署名,就常常使用它的译文"波微"。

高君宇回到山西,顺利完成了任务。同时,他还了却了自己的一桩心事。

一回到家中,高君宇便同妻子李寒心彻夜长谈了一次,并给岳父写去一封信,说明了自己坚持与李寒心离婚的决心。他说自己与李寒心婚后一直无法相合,况且自己常年飘零辗转,也无法安心在家过日子。李寒心唯有离婚再嫁,才是不浪费余生的最好选择。

事已至此,高家和李家以及李寒心自己都不想再做任何挽回的努力了。高君宇终于成功挣脱了父亲系在他身上十年之久的铁链。

然而,当年迈的岳父赶了一辆驴车将李寒心接走时,高君宇的心中却莫名涌出了一阵伤感。自己从未承认过这桩婚姻,辜负了李寒心整整十年的光阴。她嫁入高家之后,一直温柔本分地恪守妇道,全家老小及四围邻里,无不啧啧称赞。可怜她最好的青春岁月,竟都付与了空闺冷塌。一年年翘首等待,一夜夜黯然垂泪。鸳鸯瓦冷霜华重,翡翠衾寒谁与共?光阴偷偷地流走了,李寒心早已彻彻底底寒了心。

不久,高君宇再遭追捕,匆匆离家赴沪。在上海,他用双挂号给石评梅寄了一封信,整整二十张信纸,详详细细地对石评梅讲述了离婚的经过。他兴奋地告诉石评梅他的胜利,他终于解除了桎梏,打扫干净了神龛,可以堂堂正正地迎接石评梅了。

石评梅收到这信后，心情却是沉重无比，她觉得自己就像一个狰狞的鬼灵，掏了一个人的心，偷偷地走了。石评梅追求幸福，但也不愿因自己的幸福而让别人痛苦。原本就没有踏踏实实地接受高君宇的爱，如今高君宇竟然为自己而离婚，这岂不是又伤害了一个无辜的女子吗？"他真的孤身只影流落天涯，连这个礼教上应该敬爱的人都没有了。他终久是空虚，他终久是失望，那富艳如春花的梦，只是心上的一刹那。"

接到石评梅的回信时，高君宇已离开上海，远赴广州，协助孙中山平定"商团叛乱"。他们的汽车遭到了袭击，流弹洞穿了玻璃，高君宇的手也受了伤。

就在这战火纷飞的险恶环境中，高君宇心中想着念着的依然是远在京城的石评梅。他捡了两块玻璃碎片，打算赠给石评梅留作纪念，庆幸自己仍然可以活着回去与之相见。他还买了两个象牙戒指，大的戴在自己手上，小的寄给石评梅。随之寄去的还有一封长信，信中是他浓浓爱意的表达：

"我是有两个世界的：一个世界一切都是属于你的，我是连灵魂都永禁的俘虏；在另一个世界里，我是不属于你，更不属于我自己，我只是历史使命的走卒。"

"从此我已是傀儡生命了，为了你死，亦可以为了你生，你不能为了这样可傲慢一切的情形而愉快吗？我希望你从此愉快，但凡你能愉快，这世上是没有什么可使我悲哀的！"

"昨天，我忽然很早起来跑到店里购了两个象牙戒指。一个大点的我自己带在手上，一个小的我寄给你，愿你承受了它。或许你不忍吧！再令它如红叶一样的命运。愿我们用'白'来纪念这枯骨般死静的生命。"

面对这颗赤诚相待、光明磊落的心，面对这份矢志不渝、炽烈火热的情，石评梅被深深打动了。她终于放下了心中那块沉重的顽石，丢掉了过往一切的纠结烦恼，她郑重地将那只小巧的象牙戒指戴在了自己手上，发出了真诚的誓愿：

"诚然，我也愿用象牙的洁白和坚实，来纪念我们自己静寂像枯骨似的生命。"

回到北平后，高君宇便因过度劳累而病倒住院了。

有一天石评梅去看他，他正睡着。石评梅在床边静静地坐了一会儿，看着那惨白如石像般的脸庞，忍不住泛起阵阵辛酸。她将手中的红梅插在高君宇桌上的紫玉瓶中，并在纸上写下了一句话："天辛！当梅香唤醒你的时候，我曾在你梦中来过。"

英雄与才女，终于比翼齐心，携手偕行。这令两人的好友们感到欣喜快慰，大家纷纷向他们送来祝福。

然而，这个消息也传到了另一个人耳朵里。

自从与吴天放决裂后，石评梅便发誓今生再也不与此人有任何联络瓜葛。当石评梅同意与高君宇真心相许的消息被吴天放得知后，这个无耻的男人竟又不怀好意地给石评梅写去一封长信。

信中他酸溜溜地祝福石评梅和高君宇，又将他与石评梅的往事重温了一遍，显得十分深情。末了，他说："一方面我是恭贺你们成功；一方面我很伤心，失掉了我的良友，我总觉得这个世界上，所可以安慰我的只有你，所以你一天不嫁，我一天有安慰。"

这封信就像一颗炸弹，瞬间就将石评梅稍稍愈合的心伤重新炸开，也炸得更深、更痛。石评梅本来就是一个多愁善感、情深义重的人，很难轻易地忘掉过去。高君宇用自己滚烫的真情，好不容易才打开了她的心扉，但吴天放这封信，又让它"砰"的一声关上了。

石评梅痛哭了一场，又去医院告诉高君宇，她依然不能与他在一起。

爱情的花蕾刚刚绽放，便突然遭到雨打雷击，这让满怀喜悦的高君宇无法接受。他的病情又恶化了，吐血更厉害了。石评梅既悲又怕，不得不安慰高君宇以使病情稳定。

可是当他从剧痛中恢复过来之后，却越发表现出一种坦诚宽厚的气度。有一天，他忽然问石评梅："地球上最远的地方是哪里呢？"

"便是我站着的地方。"石评梅马上回答道。

高君宇愣了一下，随后，他惨惨地笑了笑，沉默了。

过了一会儿，他慢慢地告诉石评梅，自己完全体谅她的苦衷，尊重她的想法。因为"爱不是礼赠，假如爱是一样东西，那么赠之者受损失，而受之者亦不见得心安"。同时，他再次向石评梅表明心迹：

"你还有什么不放心，我是飞入你手心的雪花，在你面前我没有自己。你所愿，我愿赴汤蹈火以寻求，你所不愿，我愿赴汤蹈火以避免。"

1925年正月初五这天，石评梅和高君宇同游陶然亭。天阴沉着，落寞地飘下几片雪花，给这两颗原本哀愁的心又增添了几缕悲绪。高君宇在雪地上写下了"心珠"二字。这是他对石评梅的爱称。石评梅的乳名是"元珠"，君宇特意将"元"改为"心"，因为石评梅一直都是他心中最珍贵的明珠。

就在这一天，高君宇指着湖畔的一块空地对石评梅说，他很喜欢这个地方，背靠山丘，面向湖泊，假如将来有一天他死了，能埋在这里就好了。

石评梅望着他，勉强地笑了笑，心中却弥漫了更深的悲哀。他们都不会想到，仅仅两个月后，高君宇将真的长久安睡在这里。

更知何日重逢君

"唉，评梅，在这广漠的世界上我只认识了你，也只专诚地崇拜你。愿飘零半世的我，能终覆于你爱翼之下！我实不能反抗我这颗心，而事实又不能不反抗，我只有幽囚在这意境的名园里，做个永久的俘虏吧！"

——高君宇

"我是一个不幸的使者，我是一个死的石像，一手执着红滟的酒杯，一手执着锐利的宝剑，这酒杯沉醉了自己又沉醉了别人，这宝剑刺伤了自己又刺伤了别人。这双锋的剑永远插在我心上，鲜血也永远是流在我身边的。"

——石评梅

1925年3月4日下午,高君宇腹痛急剧加重,被送往协和医院接受诊治,诊断结果是急性阑尾炎。

当石评梅在病房中看到高君宇时,即刻间泪如倾盆。仅仅三天,高君宇便瘦得只剩了一把枯骨,但深陷的眼窝中依旧有爱的火焰,照耀着石评梅冰凉的心房。

高君宇紧握着石评梅的手,好久才轻轻地对她说:"珠!什么时候你的泪才流完呢!"石评梅听了这话,更是泣不成声了。高君宇温柔地扶起她的头,缓缓说出了平生最后的一段爱之告白:

"珠!一颗心的颁赐,不是病和死可以换来的,我也不肯用病和死,换你那颗本不愿给的心。我现在并不希望得你的怜恤同情,我只让你知道世界上有我是最敬爱你的,我自己呢,也曾爱过一个值的我敬爱的你。珠!我就是死后,我也是敬爱你的,你放心!"

石评梅跪在高君宇的病榻前,抛却了所有的顾虑和忧愁,她完完全全地献出了自己全部的爱情:

"辛,你假如仅仅是承受我的心时,现在我将我这颗心双手献在你面前,我愿它永久用你的鲜血滋养,用你的热泪灌溉!"

然而,这爱情终究是来得太晚了。

当天下午,石评梅因为学校里的一个重要会议必须出席,便离开了医院,准备第二天一早再来看高君宇。而高君宇也不希望她总在这里，以免过于痛苦而伤了身体。

夜里，石评梅在床上辗转难眠，一夜长如一年。

朦朦胧胧中，她仿佛看到高君宇含笑走来。他穿着一身玄色西服，系着大红领结，手中拿着一枝梅花。石评梅大喊了一声"君宇"，便猛然从梦中醒来。

更深夜阑兮，梦汝来斯！石评梅呆坐在床上许久。月光透过清疏的枝梢投射进来，屋里显得更加冷清、阴森。她定了定神，打开电灯，看到时钟正指向凌晨两点。

她无法再睡了，她的心中好像正有一群野马在狂奔，震得她的心"咚咚"直跳；又宛如潮水暴涨，冲击着她脆弱的心房。她焦躁，她不安，她在空寂的屋里走来走去，似乎已没有了思想，没有了意识，没有了灵魂。

就在同一时间，协和医院的一位医生正在填写一张死亡证明单。

死者姓名：高君宇。死亡时间：1925年3月5日凌晨2点40分。

惊闻噩耗，石评梅几度昏厥，苏醒后便放声大哭，满座亲友，相对泫然。

她守着高君宇的遗体，涕泪俱下，久久不肯离去。

在高君宇的住处，石评梅忍不住伏在床边失声痛哭。三天之前，这张床上还有她爱人亲切的笑容，而如今，却只剩了冰冷的床铺空对昔人。

当石评梅打开高君宇的箱子为他整理遗物时，看到了那封装着红叶的信赫然躺在里面。石评梅颤抖着拆开它，只见红叶依然,墨迹仍在,只是叶片中间裂开一条缝,且早已枯干。

石评梅心如刀割,悔恨交加。她多么希望高君宇此刻能够活过来,亲耳听到她的忏悔和表白。然而红叶可以失而复得,心爱的恋人却永远不会再醒来了。

二十四天后,北京大学、国民促成会和山西省立一中校友会联合为高君宇召开追悼会。石评梅由于悲伤过度,昏厥数次而未能参加。但她送去了挽联"碧海青天无限路,更知何日重逢君",又在白布上亲笔题写了一首挽词,高悬在追悼会现场,其情之深,其痛之切,令在场亲友读后无不纷纷落泪。

"梦魂儿环绕着山崖海滨,
红花蓝青锋剑都莫些儿踪影。
我细细寻认地上的鞋痕,
把草里的虫儿都惊醒。
我低低唤着你的名字,
只有树叶儿被风吹着答应。
想变只燕儿展翅向虹桥四眺,
听听哪里有马哀嘶;
听听哪里有人悲啸。
你是否在崇峻的山峰,
你是否在浓森的树林。
呵!刹那间月冷风凄,
我伏在神帐下忏悔。
为了往日的冷落,

才感到世界的枯寂。
只有明月吻着我的散发
和你在时一样；
只有惠风吹着我的襟角，
和你在时一样。
红花枯萎，宝剑葬埋，你的宇宙被马蹄儿踏碎。
只剩了这颗血泪淹浸的心，交付给谁；
只剩了这腔怨恨交织的琴，交付给谁。
听清脆的鸡声，唱到天明，
雁群在云天里哀鸣。
这时候，君宇，君宇，你听谁在唤你；
这时候，凄凄惨惨，你听谁在哭你。"

5月8日，一座新坟出现在陶然亭畔，安眠在墓中的人便是高君宇。石评梅在周围种下十余株松柏，并亲手题写了碑文：

"我是宝剑，我是火花，
我愿生如闪电之耀亮，
我愿死如彗星之迅忽。
这是高君宇生前自题像片的几句话，死后我替他刻在碑上。君宇，我无力挽住你迅忽如彗星之生命，我只有把剩下的泪流到你的坟头，直到我不能来看你的时候。"

断魂无据,万水千山何处去

消亡了的是高君宇的躯壳,陨灭了的却是石评梅的心魂。

高君宇投出了木瓜,但至死都未能换来石评梅的琼琚。这是石评梅心中永远的悔痛。

为何你柔情似水,却始终不能温暖我心如铁?

为何我踟蹰于情理的荆棘,始终不敢迈出真爱的脚步?

为何我已然决心与你共谱新章,命运的魔掌却无情地捉去了你的英魂?

为何你我只可同舟却不能共济?

为何你我既曾相聚却又分离?

石评梅多想再重游一遍与高君宇共同走过的草地,再望一眼他们一起品过的月光,纵然时光倒流,旧景可见,又怎能抚慰她此时灵魂的灭寂!又怎能挽回高君宇曾经盈盈的笑颜!

不论冬夏,不论晴雨,石评梅总是在思念袭来时,独自前往陶然亭。

青山哽咽,绿水含悲。纵而景致依旧,人已非。

默伫于墓前,心犹冷,石评梅难忍心中凄酸,痛放悲声。高君宇带着深深的遗憾辞尘而去,如今仙凡两隔,欲见无门,只能在坟前添土奠香,聊寄哀思。

悲痛中,石评梅忽然想起高君宇曾经寄给她的两张画片,其中一张是这样的图案:黯淡苍灰的背景,上边有几点疏散的小星，一位黑衣女郎伏在一个大理石墓碑旁跪着，仰着头望着星光祈祷。

这岂不正是如今石评梅和高君宇的写照！

她又想起那年冬天同游陶然亭后高君宇写来的信：

"珠！昨天是我们去游陶然亭的日子，也是我们历史上值得纪念的日子。我们的历史一半写于荒斋，一半写于医院，我希望将来便完成在这里。珠！你不要忘记了我的嘱托，并将一切经过永远记在心里。"

心中似有一股冷风吹过，石评梅战栗着，她不能使自己汹涌的心潮平静下来。这一切仿佛就是一出早已设定好的剧目，石评梅和高君宇亲自导演了这幕剧，又亲身出演了其中的角色。而今高君宇已在他们的舞台上谢幕了，只剩得石评梅在凄静的夜里踽踽独行。

遗像就供在案头，情书就放在枕下，象牙戒指就戴在手上，曾经的回忆就充盈在心中。石评梅从此后便成了缥缈的孤鸿，悲哀在她的心里打上了极深的烙印。她所有的心智都追随着高君宇飘然远去。

熟识的人们都讶异于她那一贯微蹙的黛眉，以及那双仿佛总是含泪的眼睛；好友庐隐则直爽地昵称她为"颦儿"；她自己也曾取过"梦黛""林娜"的笔名。她宛如黛玉再生一般，用自己短暂的生命演出了一幕还泪的悲剧。

就像她在碑文中所发出的誓愿，她真的将自己剩下的泪水全都洒落在高君宇坟前。那四周的青草，都被她的泪珠浇灌得翠碧晶莹。

她饱蘸着自己哀伤的泪水，给逝去的恋人写下了一封又一封悲情切切的信。冷月、孤坟、残雪、落英……字字句句都如同用她心底牵出的鲛珠串成。这是一曲悲艳的歌，是一首绝望的诗，是她的悔愧和忠贞！她始终都相信，她那已赴仙乡的恋人一定能够听到她的心声！

"辛！到如今我才认识你这颗迂回宛转的心，在这一刹那，我感到宇宙的空寂，这空寂永远包裹了我的生命；也许这在我以后的生命中，是一种平静空虚的愉快。"

"辛！你的生命虽不幸早被腐蚀而夭逝，不过我也不过分的再悼感你在宇宙间曾存留的幻体。我相信只要我自己生命闪耀存在于宇宙一天，你是和我同在的！"

"有时我是低泣，有时我是痛哭；低泣，你给与我的死寂；痛哭，你给与我的深爱。然而有时我也很快乐，我也很骄傲。我是睥视世人微微含笑，我们的圣洁的高傲的孤清的生命是巍然峙立于皑皑的云端。"

"我相信你的灵魂，你的永远不死的心，你的在我心里永存的生命；是能鼓励我，指示我，安慰我，这孤寂凄清的旅途。我并不感伤一切既往，我是深谢着你是我生命的盾牌；你是我灵魂的主宰。从此就是自在的流，平静的流，流到大海的一道清泉。"

"我的心是深夜梦里，寒光闪灼的残月，我的情是青碧冷静，永不再流的湖水。残月照着你的墓碑，湖水环绕着你的坟，我爱，这是我的梦，也是你的梦，安息吧，敬爱的灵魂！"

死后愿得并葬荒丘

高君宇走后,也曾有过一些青年想要接近石评梅,愿意关心她、照顾她,安抚她那颗冷寂的心。其中之一就是那位曾被石老先生选定的高长虹。

然而石评梅的心中却再也没有多余的空间去容纳别人了。她曾对一位追求者说:"宇死后我更不敢在人间有所希望。我只祈求上帝容许我忏悔,忏悔自己的过错,一直到死的时候!快了,我快要到那荒寂的旷野里,去伴我那多情的宇。"

高君宇送她的笔名"波微",依然是她的最爱。并且,她也决心做一个真正的"强有力的人"。她没有一味沉湎于悲痛中,她依旧是学生们心中最亲切最敬业的老师;她扬起了高君宇心爱的红旗,在当时影响最大的《京报》和《世界日报》担任主编,使之成为妇女的喉舌和进步思想的阵地;她还曾写下许多悼念刘和珍、李大钊等英雄的诗作。

不要人夸好颜色好,只留清气满乾坤!她在风刀霜剑中逐渐成长,她是一枝傲立雪中的清逸寒梅!

1928年9月18日,石评梅感到有些头痛,但她并未在意,依然坚持去给学生上课。

几天后,病情加重,她被送往一家日本医院进行救治。但不久就开始昏迷。

23日,石评梅被转送到协和医院,诊断结果是脑炎。

仅仅过了一周，9月30日凌晨，石评梅便停止了呼吸。

一代才女就这样香消玉殒了。

消息传出，亲友同哭。悲凝缟帐，泪洒丹旌。石评梅芳魂返驾仙游，她绝尘而去，匆匆离开了这个并不令她十分留恋的世界。

她一定是含笑西归的，因为高君宇早已在另一个世界接引着她。他们逝世在同一家医院，同一间病房，甚至几乎是同一个时辰！

庐隐和陆晶清收捡石评梅的遗物时，在她枕边的日记本里发现了一张高君宇的照片和那片寄情无限的红叶。同时还有石评梅写在扉页的遗愿：

生前未能相依共处，
死后愿得并葬荒丘！

好友们不禁涕泪潸潸，她们将石评梅安葬在高君宇的墓旁，并在碑身上刻下"春风青冢"四个篆字。大家都真心祈愿这对生死恋人，能够在九泉之下得以永恒相伴。

今天的陶然亭公园，依然是花香弥漫，杨柳堆烟。这儿已成了老人们晨练、情侣们私语的好去处。

湖畔的草地中，并排矗立着两座洁白的墓碑，这便是著名的"高石墓"。

墓的四周已是松柏青翠，涛语森森。墓旁不远是高君宇和石评梅的一尊雕像，他们相偎着望向远方。

当一阵轻风拂起一片落叶,当一只小燕衔起一星软泥,当一只蝴蝶落在一丛花心,毋庸置疑,那一定就是高君宇和石评梅在幸福地相依!

年年墓前青草绿,日日湖面泛霞光。

世事纷纷扰扰,游人们来来去去,偶有驻足者,凭吊一番这遥远的情思。

而那旧日的氤氲时光,不知被谁捡去了。

杨晦与文树新
你是我最好的遇见

"风从开着的窗吹进来,多么美丽的晚上呵,明天便能见着你,我最爱的人了,希望这两天,你也是很快乐地过的吧!"

"谢谢你送我的糖吧,每种都有每样味呢。吃过黑色的后,舌头便带黑色了,吃过红的后便那样的红了,每次总跑到镜子面前去照,便会自己笑了起来。"

"这几天我仿佛不那么想你了,但是看到你昨天那样轻轻地叫着我,我又很想你呢,仿佛把我的心都叫走了似的。"

"你应该很得意才对,有时候我想不听你的话都不行似的,你看母亲几时有过这样听话的孩子呢?"

"现在我正在吃着你的糖呢,是不是写得很甜蜜呢?也许我的手太凉了,写得并不甜,但是我的心都有着甜蜜的。"

……

　　一个轻笼着羞涩的苹果脸的少女站在纸背上，檀口轻启，这些清新的、天真的、甜甜的字句便如清泉般汩汩流出。她巧笑着，幻想着，旋转着，在爱的舞台上跳着热烈的舞蹈。她将全部的爱情和灵魂都献给了自己的恋人，像一支红烛，将青春的生命照得光芒四射，却也迅速地燃尽了自己。

　　一个是风度儒雅的文学名士杨晦，一个是聪慧多情的豆蔻少女文树新。在那个战乱的时代，在古风犹存的民国，他们爱得勇敢而执着，他们爱得决绝而热烈。冥冥之中似有天意，茫茫碧落羡煞销魂。

　　一朵刚要绽放的花儿，凋谢在明媚的春光里；一段即将开始的"童话"，却以悲剧收场。翰墨红笺依旧在，一宵冷雨葬名花。我们只能在这寂寞的歌唱中感悟那份黯然蚀骨的传奇；喟叹一个为爱而生，为爱而死的灵魂。

　　可能对你自己来说，你只是沧海一粟；但是，可能对某人来讲，你就是全世界。

不期而至的初恋

当二十七岁的文洁若打算嫁给四十四岁的萧乾时,她的母亲有些担忧。她怕这个既是二婚,又带着个孩子的男人,给不了女儿一生的幸福。

而文洁若自己则对那些传统保守的思想不屑一顾。她反问母亲:"您和爸爸郎才女貌,都是初婚,可您真的觉得这样的包办婚姻是美满的吗?"

文母说:"你二姐是自由恋爱了,要和有家室的好,结果又怎样?"

听母亲提到二姐,文洁若沉默了,她叹气道:"二姐走的路并不错。她是自由自在地创造自我。她早死是命,并不是因为她选择了这条路。"

文母没再说什么。

很多年以后,已是耄耋老者的文洁若,依然会在残月深更,手捧一只纸袋,静坐,默想。这纸袋里装着的是她那早逝的二姐文树新亲手所写的文字。略略泛黄的纸上,那些依然清晰的字迹,仿佛在低低哀哀地泣诉着一段尘封已久的往事,这普通的字纸中蕴藏着的是一个幸福而又悲哀的灵魂。

文树新知道自己追求的幸福道阻且长,也知道爱情冷冷地抛给她许多难题,但她依然毫无惧色地迈开了脚步,就像那奋勇奔腾跃下悬崖的瀑布一样,她用自己青春的生命诠释了爱情唯一的答案。

文家祖籍贵州，文树新的祖父文明钦进士及第后，做过二十多年的县官。发妻刘氏在生次子文宗淑时不幸因难产去世了，悲痛不已的文明钦从此便将自己全部的爱都倾注到了这个未曾享受过母爱的孩子身上。他遍请名师，精心培养教育文宗淑，但同时，溺爱也惯出了儿子任性暴躁的脾气。

文宗淑就是文树新的父亲。他天赋极高，文笔出众，从小就能帮父亲批阅公文，二十三岁时一举通过了高等文官的考试，被派往中国驻日使馆担任外交官。他撰写公文、报告时居然也能妙笔生花，将那些严肃无趣的政治文字写得情真意切、神完气足，令他的老朋友钱玄同赞叹不已。

文家乃书香门第，官宦世家，家境颇为殷实。文宗淑虽然常年在外，但非常重视子女的教育。文树新和她的几个姐妹就被送到当时著名的新型学校——孔德学校。孔德学校是北京大学的实验学校，男女同校，开风气之先，更由蔡元培兼任校长，许多文化名流都将子女送到这里就读。

在孔德学校，有两位教国文的教员最受学生欢迎。一位是冯至，另一位是杨晦，文家大女儿文桂新的国文课便是由杨晦来教的。

回到家中，文桂新常常跟家人讲起这位才华横溢而又温和潇洒的杨先生。说者无意，听者有心，这一次次不经意间的随口夸赞，逐渐在文树新的心中勾勒出了一个美好而又神秘的形象。

文树新在校期间就在校刊《孔德月刊》上发表了多篇文章，文笔清澈婉转，有"孔德才女"之称。对杨先生这样一位学养兼富的老师，文树新的心中自然是怀着许多敬意的，虽然他并没有直接教她。有时候，文树新等着和文桂新一同回家，便在她们教室外偷偷听杨先生讲书。杨先生在讲台上讲得声情并茂，文树新在门外听得如痴如醉。杨先生译过的几部书，文树新都一本本找来读过。读着杨先生的书，便好像走进了他温润沉静的内心。

第二年春天，杨先生的名字赫然出现在文树新的班级功课表上，文树新心中涨满的温情，缓缓波荡着。

不知从什么时候开始，文树新的心情起伏总是随着杨先生的一举一动而变化。她愿意同他在一起，愿意听他讲话，他的一言一笑都在她隐秘的内心世界中恣意绽放。每当杨先生离开时，她便跟在后面看他出门；杨先生走了，她就会感到一种怅然若失的迷惘。

杨晦在孔德学校就如北极星一般，居其所而众星共之，文树新则是那众多小星中的一个，微弱的星光尚未被她所崇拜的杨先生留意到。然而文树新却忽然发现，自己每次在校园中见到杨先生，心中便会有一种不同于以往的感觉，溢出许多莫名的欢喜。

十四岁的少女并不知道——爱情，就这样自然而然，一点造作也没有地发生了。这是洁白的、芬芳的孩子的爱情。

裁一段相思铺路

现今存世的手稿资料中，只有文树新写给杨晦的那部分日记和情书完好地保留下来了。因此让人感觉到杨晦似乎只是一树影影绰绰的绿叶，衬托着文树新这朵光彩照人的鲜花，我们只能通过文树新的描述,从字里行间捕捉到一些杨晦的影像。

事实上,这位杨先生可并不是一个平庸的默默无闻的小人物。那句"中文系不培养作家"的经典名言就出自他之口。

杨晦原名杨兴栋,字慧修。在那个国事衰颓动荡的时代,许多志士都为自己重新取名,借新名以表明思想、志向和追求。勇敢浪漫、激情盎然的杨慧修也改名为杨晦,取"打破昏暗不明"之意。

民国时期,学术奇才、偏才频频涌出,正如吴晗数学零分、季羡林数学四分、钱锺书数学十五分考上清华一样,杨晦在外语几乎是交白卷的情况下,凭借着国文考试中一篇漂亮的作文,进入了北大哲学系。

1919年,五四运动爆发了。愤怒的学生冲向赵家楼,有几个人带头跳进高高的院墙。杨晦就是那几个领头的英雄之一。

从1923年起,杨晦在孔德学校担任国文教员,在这里他结识了冯至、陈翔鹤等人,并一起成立了"沉钟社"。这是中国现代文学史上最为璀璨的文学社团之一,曾被鲁迅先生誉为"中国最坚韧、最诚实、挣扎得最久的团体"。

认识文树新时,杨晦已过而立之年,是当时的学界精英、文化名人,事业如日中天,家庭和睦美满。

孔德学校的图书馆藏书颇丰,不论是经史子集,还是外文书籍,应有尽有,甚至还收藏着许多珍贵的善本。鲁迅研究中国小说史时,还常常来这里查阅词曲旧小说。

文树新酷爱读书,每当学校里买来一部新书,她总是最先借来看。杨晦一个星期有两次负责管理学校的作业室。于是文树新便成了那里最用功的学生。杨晦非常喜欢这个聪明活泼的女学生，常常找来各种书籍指导她阅读。

"自古诗人，每多情种；从来名士，无不风流。"在学校里，男教师和女学生总是很容易发生一点儿什么事的。何况杨晦和文树新，一个是风度儒雅的文学名士，一个是聪慧多情的豆蔻少女，在共同的对文学的爱好中逐渐产生了微妙的感情，也是一件再正常不过的事了。

两人最初的通信是以父女相称的。而立之年的杨晦似乎将文树新当作了一个乖巧可人的孩子，处处给她无尽的指导和爱护。而文树新也乐于做他的小女儿，享受着他深厚浓烈的爱——这是文树新那位外交官父亲所极少给予的爱。

杨晦还曾邀请文树新到自己家中玩过几次。杨太太总是以极热情极慈爱的态度招待这位小客人，此时的她可能无论如何也不会想到，自己的丈夫竟然会在不久后被这个可爱活泼的小女孩夺走。

杨晦和文树新的交往越来越频繁，通信也越来越多。他们终于不得不承认，彼此之间的感情竟然已经如此浓烈、灼热，再也无法用"父女"的身份来抵挡了。

他们会在信中说很多甜蜜的、只有他们两人才懂的情话，偶尔也会发发脾气，吵吵小架。

"你说要将手巾还给我吗？大概你以为我不愿意，是勉强地不用它呢。这是我愿意的，不再用了，不然怎么会那么听话呢？但你却那样的气人，要再给我了，中午时，我伏在书桌上，正在想着那个，若是你真给我了，我要刚好有一把剪子，我要将它剪得碎碎的，或者在回家时把它扔在北河沿的河中，那时我真气得想哭了。"

读到这一段，会让人一下子想到贾宝玉和林黛玉，想起"林黛玉误剪香囊袋"的故事。林黛玉赌气剪掉了自己为贾宝玉做的香囊，毁掉了这几乎可以算作是信物的小物件，她故意一次又一次地生气，贾宝玉赔了一个又一个的不是，然而就在这吵吵闹闹间，彼此的心却靠得越来越近了。

文树新和杨晦也是一样。虽然两人的年龄几乎相差了二十岁，但在彼此交往时，少女文树新显得有些早熟，而中年男人杨晦也仿佛年轻了很多岁，好像一个初恋的男孩——大概是爱情让他再次焕发了青春吧。

杨晦的言行主宰着文树新的喜忧。回到家中，她时而因爱的喜悦而神采飞扬，时而又因相思的噬啮而闷闷不乐。

文树新的情绪变化没能逃过母亲的眼睛。文母敏锐地觉察到，自己正值妙龄的女儿身上一定发生了什么事。

终于有一天，文树新放学回家后，发现自己锁着的箱子不见了，她去问母亲和大姐，却只看到她们阴沉的表情。

那箱子里面装着的是文树新写了几年的日记和厚厚的一叠信件，那是少女羞涩而又滚烫的爱情啊！如今，那些原本偷偷珍藏在心底的情怀，突然之间便暴露在强光之下了。她尴尬、羞愤、苦恼，"在夜里，各种的想都聚积在我的心头，虽然是极力地遏制住自己，在做了噩梦醒来的时候，也会止不住地想了"。

文父此时仍在日本，家中一应事务均由文母和大姐文桂新料理。一个名门闺秀，居然同大她将近二十岁的已有家室的老师谈起了恋爱，这样的事放在当今时代都会不可避免地引起诸多非议，更何况是在当时，文家人自然不敢将此事报与文宗淑知道。

发现女儿的秘密后，文母盛怒之下烧掉了一多半被文树新视作生命的宝贝日记和信件，并迫使女儿允诺从此与杨晦断绝关系。大姐文桂新狠狠地责骂了文树新，杨晦送给文树新的法文书和小礼物，当即被她退回杨家，还在杨家大闹了一场。

然而，外在的压力怎能敌得过彼此真挚的爱情？杨晦和文树新表面上不再来往，实际上却依然暗中通信。

这段时间，他们爱得那么煎熬，那么痛苦。文树新要防备着家人的监视，时不时还会听到同学们的小声议论；杨晦不仅要安抚受到伤害的妻子，还要忍受着学校里的同事和社会上的风言风语。他们不得不在规则和情感中做着焦急而无奈的挣扎。

文树新曾写下过这样一段颤抖的心音：

为什么你总是那样的苦恼着呢，若是因为你爱了我的缘故，使得你心中那样痛苦地翻腾，你不要再爱我吧，我能忍呢，若是为了一看见我便失去自主的能力，我避免再到你所待的地方，你再也不到我的教室那里来，来了也不要对我看一下吧！这样行么？我能忍得住呢，真的，我想不出一点可以使你不再为我这样讨厌的人，这样的痛苦，这样的不安，若是互相不见着，能够使你不再这样，我们便这样做吧。我怎肯专门地给你苦吃呢，每次使得你难过，我是那么不安的，想不再这样了吧，但是一次又一次地使你那样的痛苦，这不是成心的呢，你能信么？

不久后，文父回国探亲，决定让文桂新和文树新一起转到圣心学校就读，好好地补习英文和法文。文母极为赞成，她心中暗自想着，转学正好可以让女儿和杨晦分开，将这段错误的恋情彻底切断。

然而，文树新和杨晦此时正是鹣鲽情浓，仅凭外力的强大是不会让他们的爱情轻易消散的，失去了朝朝暮暮的相见，却恰恰令彼此的思恋倍增。况且，文树新的几个弟妹都与他们的二姐站在了同一阵营。当文树新被迫转学后，仍在孔德学校就读的三妹文昭，便勇敢地充当了二姐和杨晦的信使。每天去上学时，带着二姐的信转交给杨晦；放学回来后，再将杨晦的信转交给二姐。除了周末和假期，从未间断。

在思念里，与时光默然相对

圣心学校是北平著名的贵族学校，名媛陆小曼就曾在这里读书。这所学校是教会学校，所以授课的都是修女，学生们私下里称之为"姑奶奶"。

圣心的教学内容丰富全面，却又呆板机械。修女们自己过着清心寡欲、恪守戒律的生活，便也要求学生们同样如此。天性率直又冰雪聪明的文树新，对于圣心的课程和生活极为厌恶。

她不喜欢机械地背书，说自己某一天会变成背书机器。品行评分更是让她厌烦透顶。她曾在信中向杨晦诉苦，说"姑奶奶"们是如何不可理喻。"坐歪了也扣分，走快了，和她一说话又说没礼貌。""姑奶奶"心中的好学生，必须得在她每说完一句话之后，恭恭敬敬地说一句"Yes, mother"。而文树新则说："你说这样多贫呢？我也不是她的听差，得奉承她一点。"

她被这里严肃刻板的生活闷得透不过气来,"每天回到家里不定多半天才换得过这口闷气呢"。然而,每当杨晦在信中鼓励她或者要求她用功的时候,她便会像换了一个人似的,怀着十二分的热情去做那些原本不喜欢做的事。

"你应该很得意才对,有时候我想不听你的话都不行似的,你看母亲几时有过这样听话的孩子呢?"

她娇憨地向他保证说,自己一定不会辜负他的心,她会用功背书,要努力学好法文、英文,当然,更要多多地去读那些他借给她的书。

在给杨晦的每一封信中,文树新都几乎事无巨细地描述自己每天的生活和每时每刻的心情。她讲姐妹之间的玩闹,讲学校里的趣事;她抱怨着母亲又请来许多客人,搅扰得她无法独自静静地看他的信——平时她总要将他的每一封信细细读过一遍又一遍,直到把那些字句刻进心里;她会故作神秘地告诉他,自己正在为他准备一份礼物,但她已经太高兴了,以至于不能再写下去,否则自己就要把秘密揭穿了。

尽管身在战火纷飞、颠倒动荡的年代,但在这个涉世未深的少女心中,炽热的爱情已经填满了她的心房,连炮火和战争都只不过是她生活中的点缀。偶尔有日本兵粗暴地敲门,她也会感到害怕,但她依然孩子气地写道:"也不知道明天早上飞机还来不来,我还等着它把我闹醒了好念书呢,我们下午时还念咒来着,说是星期一的上午,顶好有一个炸弹掉在圣心的后院,吓得下午姑奶奶便不考历史了。"

那个时代,正是内忧外患、时局混乱、危机四起的年代,无数志士仁人、学生、青年都奋不顾身地投入到挽救民族危亡的洪流中。文树新与杨晦的爱情，是那个大时代下的一方小小净土，那么不着烟尘，似乎隔绝了时空。英勇壮烈的革命者固然让我们崇敬、感怀，而文树新那单纯痴情的少女之爱，也在国仇家恨的悲怀之外，带给我们许多美好的感动。

"现在我正在吃着你的糖呢，是不是写得很甜蜜呢？也许我的手太凉了，写得并不甜，但是我的心都有着甜蜜的。"

圣心的枯燥、做毛线活的认真、打雪仗的快乐，以及在家中的种种听闻，她都会细细碎碎地讲给她的恋人听。那娇痴的絮语在旁人看来甚至有些语无伦次，但那却是她的心上人最浓厚的甜蜜。她只想和他一起分享所有的喜怒哀乐，只要有他在身边，一切都足够了。

自从文树新和杨晦的事情被发现后，文树新的家人对她采取了严厉强硬的管教，可是依然不放心。父亲常年在外，母亲和文桂新便充当了无情绞杀爱情的刽子手。

每天晚上，文母或文桂新都会找借口来到文树新的房间，表面上是来找东西或者询问什么事情，实际上就是在看看文树新是不是又在看信、写信。当她们以为文树新睡熟之后，还会偷偷进来翻她的书包和抽屉。而文树新则在心中暗自发笑，因为她早已将"禁物"安置妥当了，新收到的和刚写好的信，都在她身上藏着呢。

有时候文母会怒气冲冲地斥责文树新，说她不知羞，在学校不努力念书，只知道写信。文树新无力同母亲辩驳争执，只好将泪水和满心忧伤吞进肚子里。她不得不装出一副不在意的样子说：

"她好话也说，坏话也说，我傻子似的也不知听了没有。当她在骂哪个倒霉鬼吧！"

要是杨晦想见文树新一面，也十分不易。因为上下学文树新都和文桂新在一起，文桂新就好像是一个监视器。所以，每当这对恋人想要见上一面时，文树新就会事先让三妹文昭传信，告诉杨晦第二天什么时间，在马路的哪边，朝哪个方向走。等到了约定时间，两人就会在相对而过的很短时间里，远远地望一眼彼此。不能走近，因为文桂新是近视眼，只有离得远，她才不会发现远处的杨晦。但就是这一瞬的遥望，也足以让两个人开心好几天。

自从文树新转学后，传信的任务一直都由三妹文昭来完成，文昭为二姐的勇敢和真情而感动，她打心眼里相信杨晦是真的爱她那可怜的姐姐，所以心甘情愿地做他们的"同盟军"，将消息封锁得严严实实。

在别人看来，他们的感情是有悖道德的不伦之恋，所以阻碍重重。他们不能常常见面，通信也要冒着很大的风险，可他们依然在执着无惧的爱情中，享受着极大的愉悦。

"窗外起风了，会不会将你吹来呢？这风不是吹过你的窗前、你的院子才到这里来的吗？"

"只要与你在一起，便什么也不怕了，怎么会觉得闷呢？"

"别说你到山中去了,你到天上我还敢跟着去找你呢。"

"有爱我的人,那么深切地爱着我,我是该高兴的呢,我是要和你永远在一起的,只要你爱我,就好了。"

那一次离开,惊艳了烟花

1934年4月,文树新和杨晦的通信再次被发现,二人的故事在校园中传得沸沸扬扬。迫于社会和家庭的双重压力,终于在一个星期三的夜晚,杨晦带着文树新悄悄离开北平,出走上海。

从文树新的日记和给杨晦的信件中可以看出,他们早有这个打算。然而两人却结结实实地瞒过了所有人。周作人在1934年4月3日的日记写道,"晚慧修(杨晦)来访,赠兰陵酒2瓶,谈至十一时去"。两天后,"上午古藩来访,至慧修已南行"。甚至就在他们走之前的一个下午,还有人看到文树新和几个同学在咖啡馆吃东西,没有流露出丝毫与平时不同的神情。

孔德学校是当时的名校,居然发生了男教师与女学生谈恋爱并且私奔的事件,这立即掀起了轩然大波。《大公报》《晨报》等当时发行量最大的报纸纷纷派出记者前去采访、报道,一时间讽刺、赞叹等各种声音此起彼伏,不绝于耳。各种小报更是极尽渲染传扬之能事。

当时,吴祖光和文树新的大姐文桂新是同班同学,据他后来回忆说,有一家小报上还画了一幅画。画中文树新骑着一只毛驴,而杨晦则牵着这毛驴信步闲庭。

文树新的出走使得文家阖家大乱。亲朋好友出于各种目的前来探问消息。文母不得不吩咐家人一律对外宣称女儿得了猩红热，一病死了。并特别嘱咐不要让尚在日本的文父知道。并且在一个月内写了近二十封信，向众多亲朋解释、澄清此事，尽力保全家庭的名誉。

　　真正关心文树新的幸福，和她依依难舍的，依然是几个纯真善良的弟弟妹妹。开始时，他们听说二姐死了，便大哭大闹，一声声地唤着二姐的名字。特别是表妹和新，听到二姐的"死讯"后，她也打算死。她说："二姐都死了，我干吗活着？"这天是星期日，恰巧星期四发作文本。她便想着等发了作文本，拿回家烧了再死。而星期三晚上，文洁若告诉了她真实的消息。于是和新便决定不死。文昭问她："你怎么又不死了？"她说："二姐还活着，我干吗要死？"

　　文树新走后，曾给父亲写过一封言辞颇为激烈的信，后来似乎又有些后悔，便又写了较为温和恳切的一封，向父亲说明了自己与杨晦相识的来龙去脉，极力让父亲相信自己与杨晦是真正的相爱，还非常孩子气地附上了几篇习作，证明自己在学校中也是努力学习的，并不是为了爱情而放弃了学业。

　　起初，文父对女儿的关切之爱占了上风，他一反平时封建家长的"暴君"形象，向家中询问杨晦的详细情况，甚至想要为女儿和杨晦举办正式的婚礼。然而不久之后，随着舆论的一片哗然，街头巷尾都在谈论着这个花边新闻。一些固守旧道德的人士更是大肆批判，甚至说出"杨晦拐走孔德几万块钱，诱骗了文家二小姐"等等极难听的话。

　　身为外交官的文父终于暴怒了。在给家人的信中，他说这件事的发生有碍全家的名誉，是他一生的羞耻，跳到江间亦不能洗清。不久，他便登报宣布与女儿断绝父女关系。文树新出走三个月之后，文家举家迁往日本定居。

在这件事中，我们不能忽略一个被深深伤害了的人——杨太太。文树新与杨晦无怨无悔追求爱情的举动固然令人感动、赞叹，但对于杨太太来说，却是一个永远难以抚平的伤口。

杨晦的夫人是当时的小说家郝荫潭，也是一位进步的新女性。她和杨晦原本志同道合、夫唱妇随，杨晦是沉钟社的中坚，她也是其中的重要成员。夫妻俩经常一同参加各种文学活动和文界聚会。《鲁迅日记》中曾有过"郝荫潭、杨慧修、冯至、陈炜谟来，午同至中央公园午餐"的记录。

许多具有新思想的文人名士纷纷抛弃了自己旧式婚姻的妻子，而与那些同样有学问、有理想、追求自由的新女性结合，这是当时的社会潮流。而郝荫潭作为新女性当中非常优秀的一个，却依然和那些没有文化的小脚妻子们一样，不幸被丢到了一边，可怜的她必然是创巨痛深的。

然而，当记者问她对于这个消息有何看法时，她只是极为淡然地说了一句话："也许将来我们可以看见几本好的杰作，在中国的文坛上出现。"

一缕香魂随风散

当时不过十五六岁的文树新，仍然未脱孩子的稚气，但在追求爱情的道路上，她却显出超出年龄的冷静、成熟。

作为沉钟社的"老大哥"，孔德学校的实际校长，家中的顶梁柱，杨晦自然不能像文树新那样无所顾虑。当他苦恼、犹豫时，文树新劝他说：

"我想的能做到不能呢，你说并不难做到吧，不知道怎么我就什么都想到了呢，也许是些做不到的事吧，可是你不要再难过了。你知道，这个法子不行，我还有许多呢，至多你忍到春天吧，我们一定走好了，就是什么法子也没有，说走就走也行吧，还会饿死吗？就是会饿死，也好呢。"

文树新是勇敢的，果断的，坚定的，因为在她心中，只有爱情价更高，其余一切皆可抛。

"也许下个除夕我就和你在一起吧。不要挂念我，有你爱我，别的我什么也不怕呢，什么也打不动我的心。"

文树新只是一个柔弱的少女，可是却比男人更有担当。尽管母亲没少因为她和杨晦的事情训斥她，但考虑到她的出走可能会引起父亲对母亲的责骂，于是她说：

"若是要怪母亲怎样，我是要和他说的，没有母亲的事，都是我自己的，不用说别人。我不愿意谁因为我受埋怨。人真是太奇怪，我总觉得这事很小，又不算什么的事，却真有人以为了不得，在两人自己中间，当然是一件事，别人怎么管得着？我会很高兴地过这几天的呢，你放心吧！"

文树新就像是山间奔跃的清流，任凭坚硬的山石如何带来至痛，也不会停下自己的脚步；她是大海里一只飘零的小舟，狂风巨浪也吹不翻她执着的信仰；她将瘦弱的自己，锻造成了能够穿越枪林弹雨的战士，无惧，无悔，庄重，坚决。

　　幸运的是，为了爱情奋不顾身的文树新遇到了同样奋不顾身的杨晦，他用强大而坚定的内心回应着文树新炽热的爱恋。从北京到上海，他在追寻爱情的道路上迈出的脚步，要比当年越过赵家楼的高墙艰难得多。

　　文树新与杨晦的私奔事件，如同新版本的卓文君和司马相如。双双远走他乡之后，确实过了一段琴瑟相谐、神仙眷侣般的生活。杨晦是一位戏剧家，也是翻译家。每译一部书，所得稿酬可以维持他们两个多月的生活。虽然物质上并不富裕，但精神上绝对是充实而喜悦的。

　　一年后的春天，文树新生下了一个女儿，取名"绵绵"。这个名字大概就是女婴父母"情意绵绵"的最好证明吧。此时的文树新和杨晦，可以用童话里的一句套语来形容：从此，王子和公主过上了幸福快乐的生活。

　　然而，童话终究是幻梦一场，现实往往是无情而冷酷的。

　　文树新生下女儿后不久，感染了伤寒，后又转为肺炎，很快便去世了。当时，她的一位同窗好友——也是周作人的准儿媳，在照顾文树新的时候不幸受到传染，不久也离开了人世。

　　文树新那稚嫩瘦小的肩膀，可以扛得起世俗的流言蜚语、家人的误解和责骂，可是却无力抵挡病魔的突袭。一朵刚要绽放的花儿，就这样凋谢在明媚的春光里。唯美的爱情故事总是要以悲剧收场。正当王子和公主恩爱甜蜜地生活时，公主死了。也许老天认为只有这样的安排，才会更凄美，更忧伤。

接到杨晦发来的文树新的死讯后，文家陷入了深深的哀恸中。母亲悲痛欲绝，同父亲大吵一架，怨恨他害死了自己的女儿。一向严厉、干练的父亲也仿佛一夜之间变得苍老了，女儿的形貌、笑语时时浮现在眼前，他想起女儿年幼时的调皮，她撅起嘴巴不想背书，还有被他训斥时的恐惧中的执拗、出走的决绝——这一切好像就发生在昨天。

"死去的人是幸福了，但是却给在世的人留下了莫大的伤悲。"文昭在写给杨晦的信中这样说。

人生荣枯皆是梦，为什么会有这样的阴差阳错呢？也许每个人真的有自己无法逃脱的宿命，看看文树新从前写下的日记，看她一遍一遍地重复着命运的魔咒，就会感到一种惊人心魄的冷寂：

"我不是成心说重话来伤你的心，我为什么要这样做呢？想到便写出了，请你原谅吧！你不信我会得流行病吧？那才是真没有准儿的事呢，也许在四五年中的哪一天便出什么意外的事了。"

"若是我真有着幸福，便这样下去我也就满足了，别的我也不再想，就这样地知道你是在那样地爱我，实在很够了呵。其实死也未必会使我怎样地害怕。"

"你知道，我时常想，若在这时你最爱我时，我死去了不会不是幸福的呢，我若永远留在你的记忆里，都是些好印象，真是够好的呢。我愿意现在我只沉在梦想里，喜欢地死去，真是谁也及不上的幸福呢。"

一个年轻的生命凋零了,一段令人感喟不已的故事落幕了。筵席散尽,香渺人远,只留下那些淡淡的字迹,供后人凭吊。文树新就像是一只夜莺,用尽自己全部的心血,染出了一朵鲜艳静美的红蔷薇。

流水无限似侬愁

翰墨红笺依旧在,却再也等不到那双柔荑纤手在灯下展纸,一任豆蔻春心溢满笔端。不必再担心自己的日记和书信被父母收走,也无须为了防止信件被截而用字母代替爱人的名字,写信的文树新永远不会再提笔了,收信的杨晦也只能独守那些昔日的字句,黯然思怀。

一缕香魂随风散去了,阴霾永远笼罩着文家人的心空。树新离世后不久,父亲文宗淑便从外交官职位上卸任了。他因为性格傲岸,不肯摧眉折腰事权贵,很快便失业了。家里的生活每况愈下,最后只能靠典当度日。文树新的母亲在"文革"中自缢身亡;大姐远嫁美国,一去六十载;天才四妹因意外早逝;全心帮助过文树新的三妹文昭最让人唏嘘叹惋,据说,她因为早恋而被父亲生生打断了双腿,不得不在病床上度过最美好最宝贵的青春岁月。家庭的变故让曾经叱咤风云的文宗淑逐渐变得消沉失落,最后抑郁而终。

文家迁居日本后曾经拍过一张全家福,全家老小悉数都在,唯独不见文树新巧笑倩兮的身影。很多年后,五妹文洁若依然不忍拿出这张照片来看。一张人不全的全家福,任谁看了都会生出许多哀痛的叹息!

一段感情，或许有人仅仅把它当作游戏人生的砝码，或许有人只是在它跟前做了极其短暂的停留。而文树新，却给她的爱情涂上了一层奇异的光晕。爱与死的结合，既神圣又残酷，一场由死来诠释的爱情，是那么庄严，那么郑重，又那么沉痛。它将会在岁月流动的光影中坚守千古，永远不朽。

在曹雪芹的"情榜"上，黛玉是"情情"。文树新的率性天真、敏感和忧愁，还有那为了爱情而不顾一切、毫无惧色的性情，不正是黛玉再世吗？那至真、至纯、至心、至情，虽然只是彗星一闪而过，但它夺目的异彩永远不会消逝。

这样的一份爱，我们知道就好，懂得就好，记住就好。不是真的经历过，谁又能真正了解呢？

胡适与韦莲司

再没有这样的爱情

"这张明信片到达绮色佳时,我已到了太平洋岸。然而整个美洲大陆也阻隔不了我对绮色佳的魂牵梦系。"

"在过去悠长的岁月里,我从未忘记过你,我要你知道,你给予我的是何等丰富,我们这样单纯的友谊是永远不会凋谢的。"

"星期天美好的回忆将常留我心。昨晚我们看到的夜景是多么具有象征的意义啊!那美轮美奂的圆满的新月,亮光装点了远方的云朵,雨过天晴以后,新月又一步步往更圆满的方向迈进。"

"胡适!我爱你!我不会为了我活着而感到骄傲,我怎么能为之骄傲呢?我真的受宠若惊,你居然会爱上我!但有时候,你的爱就像阳光普照下的空气一样,围绕我的所想所思。"

　　1965年,台北南港胡适纪念馆收到了一批珍贵的胡适亲笔信件,包括信、电报、明信片等,总共近两百件,内容的时间跨度长达五十年。

　　这批信件是一位美国老人从遥远的大洋彼岸寄来的。这些年来,她始终温柔而忠诚地守护着它们,走过岁月的风霜雨雪。

　　她,就是这些信件当年的收信人——克利福德·韦莲司。

　　她是与胡适心有灵犀的第一人,从爱上他的那一刻起,就再也没有改变过。

　　她是胡适思想的舵手,他们探讨的许多问题,都给了胡适深刻的启发。

　　胡适与发妻江冬秀结婚,她送去了最真挚的祝福。

　　胡适的情人赴美读书,她给了她极大的关照。

　　她拒绝了许多优秀的追求者,一生未嫁。

　　她毫不在乎家人、朋友反对的声音和叹惜的眼光,只要能够以自己的自由之身为他做些事情,就是她最大的快乐。

　　在她八十六年漫长的生命旅途中,她只做了一件事——全心全意地爱胡适,爱这个她平生唯一爱过的男人。

只那一瞥，如饮风月

1910年，胡适通过了第二批庚子赔款留美官费生的考试，同年9月来到美国纽约州绮色佳镇，成为康奈尔大学的一名留学生。四年后的一个夏天，他在一位古生物学教授的家中认识了教授的女儿韦莲司。

韦莲司比胡适大六岁，在艺术方面很有天分。她曾在耶鲁大学学过美术，又在英、法、意大利等国游学若干年。与胡适相识时，她已是美术界小有名气的青年画家了，甚至开始尝试的雕塑和摄影创作，也取得了不小的成就。

绮色佳是美国东北部的一座小山城，依山临湖，风景秀美，宛如世外桃源。民国时期许多留学生情侣都在那里留下了一串串爱的足迹。比如林徽因与梁思成、冰心和吴文藻等等。当然，还有胡适与韦莲司。

美国许多家庭都有接待留学生的传统，韦莲司的父亲是教授，所以她家自然也不例外。胡适就是常来这里的学生之一。

当时胡适只有二十三岁左右，年轻英俊、文质彬彬、谈吐不凡。在他还未得到韦莲司的青睐时，就首先获得了韦莲司母亲的赞赏和疼爱。她将胡适当作自己的儿子来看待，每逢节日、假日，总是邀请他到自己家中做客。

但是，不久后发生的"独处"事件提醒了胡适，并不是有了韦莲司母亲的喜爱，他就可以毫无障碍地与韦莲司在一起。

韦莲司在纽约学习美术，她有自己的公寓。1915年的一天，胡适在那里与韦莲司消磨了一个下午的时光。

然而，韦莲司的母亲得知此事后十分警觉，她立刻询问当时是否还有旁人在场。胡适回答说，他先到了韦莲司的公寓，后来又打电话请另一位朋友前来，与他们一起喝茶聊天。

韦莲司的母亲非常生气，既然那个朋友是后来才到的，那么在他来之前，胡适与韦莲司岂不是独处一室？这还了得！于是她马上写信给韦莲司，责怪她不守规矩，将她严厉地训斥一通。

其实，这是当时还较为保守的美国社会中，男女青年相处的必须准则。但凡年轻的男女在一起聊天、郊游时，旁边总要有一个中年已婚妇女同行，即便一时找不到"中年已婚"妇女，至少也要有第三人在场，以做监督之意。否则就是有伤风化，会遭人闲言闲语。

胡适在美留学多年，极少与韦莲司单独在一起，他们边上总有韦莲司的母亲一丝不苟地"监视"着。而且，胡适本来就是已婚未聘之人，这一点韦莲司也清楚。

因此，尽管他们在长期频繁的接触中，彼此产生了好感，但也都尽量克制着自己的感情，让它朝着友谊的方向发展。

可是，感情从来都不是理性的思考所能控制和驾驭的。只要它选定了一片沃土，那是一定会生根发芽的。胡适与韦莲司之间的情感就在倾慕与矜持中缓缓发展着。

有一年的感恩节，胡适照例来到韦莲司家吃饭，但这天韦莲司却有事提前回了纽约。于是这年的感恩节，胡适便过得无滋无味。当晚回去后便给韦莲司写了一封信倾诉怅念之情：

"今天，我在你家吃了感恩节晚餐，我们都很尽兴。可是我觉得很难过，因为你无法和我们共度。"

"上周四夜晚,我深感怅惘,寒风吹落了窗前所有的柳条,竟使我无法为一个远去的朋友折柳道别。我甚至连照片都没拍一张。"

"折柳送行"的寓意韦莲司早就听胡适讲过,这次临行前,她还将自己公寓窗前的柳树照片赠给了胡适,以留作临别纪念。而胡适本想折一枝柳条来配合一下韦莲司的浪漫和诗意,结果却未能如愿。这令他感到十分遗憾。

胡适一向自恃才高,因此朋友的选择标准也很高。一般人大多难入他的法眼,不过是些泛泛之交而已,真正令他引为知音的数量极少。韦莲司就是他的知音之一。

"我所需要的是一个舵手来引领我。然而,到目前为止,除了你以外,从来就没有一个人能够给我这个我真正需要的东西。"

在胡适的留学日记里,赞美韦莲司的笔墨并不算少。他评价韦莲司:"极能思想,读书甚多,高洁几近狂狷,虽生富家而不事服饰。"还曾称赞韦莲司是引他思考、帮他把握前行方向的"舵手"。

对于思想和个性都很突出的胡适来说,能够将一名女子赞为是引领自己思想的舵手,真是十分难得!这足以看出韦莲司的思想深度及智慧的确非常人所能及。

在这个时期,胡适与韦莲司之间的爱慕更多的是才华的相互吸引,是观念与思想的同步合拍,故而只是惺惺相惜,是知音而不是恋人。

只怕水远山遥,梦来都阻

胡适与韦莲司过从甚密的消息很快飘摇千里传回了胡适的故乡,村夫农妇们纷纷在茶余饭后闲谈,说胡家的大学士出洋学习不回来了,还娶了一个洋妞做太太。

这急坏了胡适的母亲。其实胡适早已在家信中提起过韦莲司,夸赞她的学识并感激她的帮助。但胡适的母亲却在邻居们的言语中以为儿子是动真格了,所以她连连托人写信,催胡适回家完婚。

比她更着急的,自然是胡适的未婚妻江冬秀了。

江冬秀比胡适大一岁,两家有远亲关系。在她十三岁,胡适十二岁时,便由家人做主给他们定了亲。之后胡适便到上海读书去了,再后来又去了美国。江冬秀在家乡一等就是十几年。

若与韦莲司的才学、见识相比,江冬秀怎能望其项背。她没有读过多少书,大字不识几个。当时在那种求新求变、打破旧习俗的风气里,不知有多少意气风发的"新青年"们纷纷抛弃了父母媒妁所定之妻,而与那些聪慧、勇敢的"新女性"们结为连理。

然而胡适作为新文化运动中自由、民主的倡导者,在自己的婚姻大事上却依然顺从地恪守着父母之命,并没有悔婚另娶的念头。

原因之一是他的孝心。他深知母亲是为了他能有一个美满的家庭,因而不忍辜负慈母的心。这在他写给母亲及亲友的信中都可以看出来。胡母已多次将江冬秀接到家中居住,对她的行事作风非常满意，认定她将来必会成为儿子的贤内助。

原因之二是胡适自己的婚姻观和责任感。他并不认为娶妻一定要娶一个才女，因为"吾见有能读书作文，而不能为良妻贤母者多矣"，还由于他自己一向自视甚高，"若悬'智识平等，学问平等'八字为求耦之准则，则终身鳏居无疑"。

既然自己思想学问难以找到相匹配者，便不需要在此方面过高要求，只要自己的妻子温和贤淑，相夫教子就够了。况且悔婚之举固然会让自己得到满足，但却将痛苦全部加到了原来的妻子及其家人身上，在那个年代，一桩婚姻的取消影响的是两个家庭的名誉和幸福。

因此，胡适在家信中频频向母亲保证，自己只是因为学业才迟迟没有回国，并不是在国外另娶了妻子。此外，他对江冬秀也是关怀有加，不但要求家里给她放足，还常常写信写诗给她。

不过，尽管他信守婚约，在理智上将自己的行为控制得很好，但依然无法阻止情感上与韦莲司因志趣相合而擦出火花，依然无法对那个从未谋面的未婚妻产生真正的爱情。他一再将归期推迟，尽可能多与韦莲司相处些时日，还曾对她说过自己心中对这段婚姻的真实感受：

"我不能说我是欣喜地企盼着我们的婚礼。我是带着怦怦然的好奇心，去迎接这个大实验的日子——人生的实验！"

在这一阶段，他为韦莲司所写的诗词，便是他们相知相惜的最好证明：

满庭芳

枫翼敲帘，榆钱入户，柳棉飞上春衣。落花时节，随地乱莺啼。枝上红襟软语，商量定、掠地双飞。何须待，销魂杜宇，劝我不如归？

归期，今倦数。十年作客，已惯天涯。况壑深多瀑，湖丽如斯。多谢殷勤我友，能容我、傲骨狂思。频相思，微风晚日，指点过湖堤。

1917年7月，胡适终于回到了上海。两星期后，乘船返乡。同年12月30日，胡适与江冬秀在家乡举行了婚礼。

尽管是包办婚姻，但婚后夫妻二人倒也称得上是生活和美，相敬如宾，看起来胡适"人生的实验"得到了一个比较美满的结果。一个月后，胡适给韦莲司写信讲述了自己的新婚：

"我结婚已经7个多星期了，还没向你报告这件事。我高兴地告诉你我妻子和我都相当愉快，而且往后能相处得很好。"

胡适兴致勃勃地描述着自己的婚礼和新娘，却未曾想过这样的信将会带给韦莲司怎样的痛楚。在美国的那些日子里，他们的交往中确有一些朦胧的暧昧，但更多的还是追求心灵的交会。

可是自从胡适离开后，韦莲司的思念就像漫涨的潮水一样与日俱增，她开始警醒地意识到，自己也许真的爱上了他。等到她收到胡适报告新婚之乐的信后，她才不得不确认自己的感情，居然已经爱他爱得那样深了。

不过这种情感变化的灼痛，韦莲司并未对胡适说过，直到十年之后，她才在自己四十二岁生日那天写了一封未寄出的信，吐露了当年的苦楚：

"我今天重读旧信，读到那封宣布你即将结婚的信，又再次地让我体会到，对我来说，那是多么巨大的一个割舍。我想，我当时完全没有想跟你结婚的念头。然而，从许多方面来说，我们在精神上根本老早就已经结了婚了。因此，你回国离我而去，我就整个的崩溃了。"

婚后的胡适，一面沉浸在恬谧的夫妻生活中，一面忙着发起推广白话文运动。情感与事业双丰收的胡适如沐春风，心情格外舒畅。但他和韦莲司的通信渐渐少了。直到一年之后，他才兴奋而骄傲地写信向她报告自己回国后的成绩，告诉她白话文运动已经成了事实，并且运动进展速度超过了所有人的预期。北京所有重要的报刊几乎都在用白话文来发表作品了。

这之后的四五年间，他们的联系时断时续。胡适的母亲去世了，这令他万分悲痛；他和江冬秀的儿女们接连出生，又带给他许多安慰。不过，即使他工作再繁忙，家事再杂芜，心情再阴郁，他都从未忘记过在每年的4月17日给韦莲司写一封信，或拍一个电报，或寄一张明信片，因为这一天是韦莲司的生日。

1923年4月17日的前几天，韦莲司照例又收到了胡适祝贺她生日的信。这次是一封长信，还附有两张照片。从照片中，韦莲司第一次见到了江冬秀和他们的孩子。

韦莲司仔细端详着这幸福的一家人，胡适脸上洋溢着一贯从容的绅士的微笑,江冬秀看上去是那么朴素而善良,三个孩子都很可爱,特别是女儿胡素斐,格外招人喜欢。

不知韦莲司看到这张照片之后是怎样的心情。

也许会很感慨——想当初胡适在美国还未见过江冬秀时,便有些落寞和失望地告诉韦莲司,自己的未婚妻读书不多,在文学上、思想上都无法与她深入地交流。而如今他们却相敬相爱,生儿育女,夫妻情深。

也许会有一些醋意——胡适在与江冬秀结婚前,最先拨动他情感之弦的就是韦莲司。然而当时两人却都没有勇气和信心再向前多走一步。

也许她会坦然认命——自己与胡适结合的可能本来就微乎其微,上天让善持家的江冬秀来照料他,或许才是最好的安排。

但不管韦莲司心中有何种想法,有一点是毋庸置疑的,那就是她对胡适深沉而纯粹的爱情。这种爱不仅满满地给了胡适,现在也开始逐渐分给了他的亲人。

在给胡适回信时,韦莲司别出心裁地采了几片薄荷花叶放进信封中,并满怀爱意地写道:"经过长途的传递,我不知道你女儿还会喜欢这个薄荷花叶的芬芳吗?"

聚如短尺,离若长河

胡适在1917年回国后,成为中国文学革命的中流砥柱,推动白话文运动取得了彻底的胜利。《胡适文存》《尝试集》等著作已再版多次,一时间洛阳纸贵。

他曾在信中既自豪又冷静地对韦莲司说：

"说到中国的文学革命，我是一个催生者。我很高兴地告诉你，这件事差不多已经完成了。

……我似乎是一觉醒过来就成了一个全国最受欢迎的领袖人物。去年一月在一个由上海周报所举办的一次公众投票中，我获选为'中国十二个最伟大的人物'之一。

……我很清楚，以我这样年纪的人暴得大名的危险。我为自己立了一个生活的原则：一定要做到名副其实，而不是靠着名声过日子。"

与胡适的声名鹊起相比，韦莲司已沉默到近乎蛰居了。

就在胡适回国后第二年，韦莲司的父亲去世了，这对她打击很大，他们父女的感情一向非常好。她曾在信中哀伤地对胡适说："原本我不想告诉你，但只有你能明白失去父亲对我的意义。即使这世界遍地黄金，父亲只是一块岩石，但随着岩石的断裂，黄金也已随他而去了，所剩下的只有那金色的回光而已。"

又过了两年，韦莲司那多病的姐姐也仙去了。接连失去至爱的亲人，让韦莲司心痛到死。悲恸中的她再也无心拿起画笔，去描绘世界的美好了，她的天空也已经被阴云笼罩。

她离开了纽约，不再继续求学、创作，而是回到绮色佳，终日陪伴她那同样伤心欲绝的母亲。

韦莲司出身望族，家境优裕。她的祖父是银行家，还曾做过纽约州的议员，去世后留下一笔相当可观的遗产。韦莲司的父亲曾在耶鲁大学、康奈尔大学担任教授，收入也非常丰厚。

所以，尽管相依为命的韦莲司母女只能靠出租房屋为生，但依然可以衣食无忧。

起初，韦莲司还在家中作画，但渐渐地，她便不再动笔了，也慢慢淡出了画坛。1924年，她成了康奈尔大学兽医系图书馆的管理员，过着平静而普通的生活，往日的艺术锋芒早已黯淡下去了。

胡适功成名就的消息源源不断地传到韦莲司耳中，令她不由得自惭形秽，同时，她对胡适也越来越崇拜了。她真心为了他的成功而欣喜，因为他的快乐而同样感到快乐。

"我原以为需要多年辛苦耕耘的事业，你居然在一年内就做到了！你这三年来的创造、努力以及看来已经水到渠成的成果，是我一辈子所听说过最令人鼓舞和振奋的。某些事物就形同无价之宝，对我而言，其中之一，就是我知道你所具有的卓越的道德情操和智慧！"

1926年10月，胡适前往英国参加中英庚款委员会最后的会议，他已定于同年年底或次年年初访美，便提前写信给韦莲司告知行程，期待能够再次见到韦莲司和她的母亲。

收到来信的韦莲司母女十分开心，当年胡适就常常到她们家中吃饭、留宿，与她们全家人都相处得非常好，如同亲人一般。况且如今的胡适不论在中国、美国还是欧洲都是名誉震天，韦莲司母女也十分迫切地想看一看昔日那个青涩的年轻人有着怎样的一番变化。

就要见到日夜思念的心上人了，韦莲司心中除了激动，还有一丝隐隐的不安与忐忑。

世事起伏变幻，当年的韦莲司是艺坛新秀，潜力无限；胡适也是风华正茂，刚刚崭露头角。如今十多年过去了，韦莲司已经四十出头，胡适也已是几个孩子的父亲了。而且现在无论学识还是地位，韦莲司远远逊于胡适，他们思想上的交流和深度，再也不能旗鼓相当，平起平坐了。

想到这些，韦莲司无不忧郁而惭愧地说："我开始写了好几封信给你，但不是写了几行以后就打断，就是觉得不知所云、愚蠢。我老了，头发也花白了……"

胡适读到她这几句话后也十分伤感，他很快写信安慰她："对我来说，你是永远不会老的。我简直不能相信，你我在一起的时候，我们会觉得老。你且等着，我们再一起散步，一起聊天，我们再重过年轻的日子！"

1927年春天，胡适结束了数月来的会议和在英国、美国各地的巡回演讲，终于回到了离开整整十年的绮色佳。

绮色佳对于胡适来说，就好像是第二故乡一样，韦莲司母女就是久别的亲人。十年未见，韦莲司依然那么温婉，那么泰然，脸上总是挂着淡淡的微笑，她的母亲也依然如往日般亲切爽快。

胡适这次在绮色佳逗留的时日很少，只有不到十天，与韦莲司相见也总有她的母亲在场，因此两人并未有任何表露感情的机会。

但就是这样短暂而礼貌的相聚，也足以令韦莲司那岩浆一般的爱情猛烈地喷发出来。十几年的隐忍克制，终于在见到胡适的那一刻全面溃堤了。

胡适离开后，韦莲司那包裹着滚烫挚情的信便一封又一封地寄到胡适手中。她终于决定丢开所有的羞赧和自卑，将自己的感情原原本本地传递给他。

"我有另外一面，因为羞耻，因为害羞，而一直不让你看到。然而，那一面的我，超乎我的意料之外，现在却理直气壮地呼之欲出。突然间，我觉得我得承认她的存在！"

"我用我的生命对你说：'相亲相爱，至死不渝'，其实你已经拥有了最好的我。"

相亲相爱，至死不渝。这是西方婚礼上，新娘和新郎的誓词。韦莲司说出了这句话，她心中那火热又羞涩的情感也就展现无遗了。

收到这些信后的胡适是怎样的心情，谁也无法得知。但可以看到的事实是，他十分珍惜与韦莲司的这份真情（不一定是爱情），在他还未离开美国时就有好几封信和明信片寄到绮色佳。

"这张明信片到达绮色佳时，我已到了太平洋岸。然而整个美洲大陆也阻隔不了我对绮色佳的魂牵梦系。"

"在过去悠长的岁月里，我从未忘记过你，我要你知道，你给予我的是何等丰富，我们这样单纯的友谊是永远不会凋谢的。"

胡适回国后，国内政局越来越不稳定，战事吃紧。他自己也忙得不可开交，此后四年里都没再给韦莲司写过信，直到1931年韦莲司生日的前夕，他才写了一封长信向她致歉并祝贺生日。

其实，即使胡适不解释不致歉也没有关系，因为韦莲司从来就没有因为这个生过气。她一向都是站在一个很低很偏僻的角落里，将自己放到最渺小，又将胡适放到最高大，然后她便怀着几分羞愧和歉疚，轻声向他诉说着自己的爱恋。

同样，当两年后胡适再度访美时，由于行程紧，事情多，他与韦莲司事先约定的日期几次推迟。他感到很抱歉，但韦莲司依然像以前一样，不仅毫无埋怨，反而为他的爽约行为找了一个又一个理由：

"即使你已经打了电报说要来，如果你发现最好还是不来，我会理解的。我虽然看起来没有我实际年龄那样老，但我已经老到知道我该感谢我所曾经拥有过的快乐的时光，而不去做无谓的祈盼。"

"写信并不容易。回去以后，就不要刻意写信。与其写信给我，不如在你心里找我们曾经拥有的那一块快乐的净土，用这种方法来休息。我会理解的，一直都是理解的。想办法找任何能让你神清气爽的事物！"

张爱玲曾经说过一句话："见了他，她变得很低很低，低到尘埃里。但她心里是欢喜的，从尘埃里开出花来。"这句话就如同专为韦莲司而写的一样，再贴切不过了。

韦莲司那些善解人意的心语，看起来十分理性、宽容，但谁又能体会到她在写这些信的时候忍受了多大的苦痛和悲哀呢！谁又能明白她做出这些隐忍和牺牲时，心中那巨大的凄楚和无奈呢！

面对几乎难以实现的心愿和冷酷的事实，韦莲司只能幽幽地问她的心上人一句:"永远不再见面,是不是比见了以后又要分别好?"

韦莲司这份恒久不变的痴情,胡适又何尝不为之感动、不倍加珍视呢?况且他原本对韦莲司就是有着一种难以名状的钦佩和眷恋的,只是有碍于种种限制才不得已保持距离,以礼相待的。

而现在,又是几年过去了,胡适的母亲已经含笑九泉,韦莲司的母亲也已飞升极乐,远在中国的江冬秀与胡适早已被日复一日的平淡生活熏染地没有了激情。所有的障碍都在时间的淘洗下渐渐消失了,两个自由的有情人,终于在一个静谧的夜晚成了眷属。

胡适这几次回到绮色佳,都仿佛是蜻蜓点水,只小住几天便匆匆走了。但就是这少之又少的会面已经足以让韦莲司感到惊喜和得到最大的安慰了。胡适才刚离开,太平洋的清新海风便轻卷着韦莲司的思念紧随而来。

"远方的闪电、缥缈的雷声,这样的日子,洞见。
开始下雨了,我心中无家可归的鸟懒洋洋地飞旋着。
我兀自站着,手里握着你的白袍,凉凉、空空的;
我手指渴切地想要抚触你柔嫩的肌肤,暖暖、亲亲的。
让我用我的唇触碰着你的唇的记忆,来抚平过去一些伤心话所带来的创伤。"

韦莲司在认识胡适之前曾有过一个男朋友,甚至已经到了谈婚论嫁的阶段。在胡适离开美国的这十几年里,也不乏优秀男士向韦莲司求婚。然而，她却从未答应过任何人。

　　胡适在韦莲司心中已经牢牢占据了最重要的位置，还有什么人能够乘虚而入呢？韦莲司对胡适的崇拜已近乎宗教式的狂热，胡适的能力、才华、风度早已成为韦莲司衡量世上一切男人的标准，并且在她心中，从未有过也绝不可能有人超越这个标准。韦莲司淡出艺坛已经多年，但那种与生俱来的艺术家的天性却难以磨灭。她并不像寻常女子一样，只要能有一个平淡温暖的家，过着安稳富足的生活就能够满足。她要的是一个绚烂如烟花般的生命，和一份刻骨的美丽的爱情，即使这爱情会令她身心剧痛，她也心甘情愿地在这剧痛中绽出哀凄的微笑，她觉得只有这种痛，才能让她体悟到真爱，以及那浸入灵魂的安详。

　　她所追求的爱与痛，只有胡适一个人才能够给她，只有胡适才能让她整个人都散发出明亮而奇异的光芒。

　　胡适离开绮色佳的次日，给韦莲司写了一封信，信中他温柔而诗意地说：

　　"星期天美好的回忆将常留我心。昨晚我们看到的夜景是多么具有象征的意义啊！那美轮美奂的圆满的新月，亮光装点了远方的云朵，雨过天晴以后，新月又一步步往更圆满的方向迈进。"

　　韦莲司则被这等待已久又似乎是突如其来的幸福冲击得简直要昏倒了：

　　"胡适！我爱你！我不会为了我活着而感到骄傲，我怎么能为之骄傲呢？我真的受宠若惊，你居然会爱上我！但有时候，你的爱就像阳光普照下的空气一样，围绕我的所想所思。"

半随流水，半随尘埃

有一种女人，在爱情里只是受益者，她们并无兴趣去挖掘身边的男人有着怎样的思想、情怀，只要他能好好地供养她，宠着她，呵护着她，就够了。这样的女人可以说是幸福的。

而有另外一种女人，她们所愿意托付终身的男人，必须是有着足够强大的力量和磁场吸引她们的目光的。如果一个男人引不起她们惊异的崇敬，那么爱情也就不复存在了。但如果她们找到了心目中的"上帝"，她们就会变得像一簇燃烧的烈火，甘心牺牲自己的一切，只为带给他光亮和热量。这样的女人，也许会被认为是不幸福的，是愚蠢的，是固执的。而她们自己，则骄傲地立于云端，冷视着俗尘中的闲言碎语。

韦莲司就是后一种女人。自从她与胡适有过肌肤之亲以后，便更加死心塌地了。她好像从来都没有注意到胡适对她的亏欠，总是怀着无限感恩，将他偶尔对她的一点好处放大到极限。

她也更矛盾了。以前她只是希望可以默默地为他做些事情，而现在，她很想成为他永久的伴侣，能够时时刻刻陪在他身边，做他的贤内助及秘书——以韦莲司的聪慧、才学和度量，她是完全可以做到的。

但是，她也深深知道她与胡适的关系是不能公开的。他是那么受人尊敬和爱戴的人物，走到哪里都如众星捧月一般。倘若和她的私情被公众闻知,那对他的声誉一定会有非常大的影响。

也许胡适也是考虑到这个因素吧,——他是那么爱惜自己羽毛的人,所以才未对韦莲司的热望做出任何明确的答复。不过,完全不必担心韦莲司会因此而憎恨胡适,她甚至连一丁点儿怨念都没有。毫无所求地爱胡适似乎已经成了她感情的一种惯性,她已这样爱了十几年,又怎能因为一个心愿没有得到满足而生气呢?她给胡适的信中,那些含着泪光的字句,是那么坚强,那么深情,又那么让人心疼呢:

"对那么仁慈对待我的你,我为什么要提到可能会造成不快的话题呢?我的内心深处有一只野鸟,你一定知道她所栖息的是另类的风。"

"你已经给我太多了!我不该再有任何要求。花开花落,也许来日还有蓓蕾花开时,谁知道呢?"

最后的一次机会也溜走了,最后的一个梦想也破灭了。韦莲司的心渐渐在长日黯淡中恢复了往昔的安静。她不再祈求什么,也不再奢望什么,她心灵的河床上已经烙满了太多的伤痛,再也没有多余的力气像飞蛾般扑向爱情的火焰了。

韦莲司给胡适的许多信中,都出现了"鸟儿"这个意象。她总是将自己比作一只小鸟,一只永远安心住在笼子里的鸟,当然,这笼子是胡适编起来的。

她说,这只小鸟是很温驯的,也很解人意。你闲暇时可以逗它玩来解闷,你忙碌时把它丢在一边它也不会烦恼。你轻轻抚摸它的羽毛,它就会怀着感激回报你温情的目光。你不必担心疏于照顾会使它生病或死去，因为它的安宁永远是来自它自己柔软又强大的内心。

韦莲司愿做这样一只笼中鸟，她没有所求，没有所怨，没有烦恼与恨，只要偶尔得到主人的一点照料或是一次欣赏，就会获得发自内心的畅快欢喜。

他们仿佛又回到了初次相遇的那段时光，彼此开心地畅谈人生、文学、宗教、政治……就像两个十分亲厚的老朋友一样。

韦莲司关心胡适的健康，关心胡适心情的好坏，而胡适每当有什么不便对家人朋友讲的烦心事，就会向韦莲司倾诉。从她那里，他总是能得到柔风甘雨般的宽慰。就连涉足政界而面临的一些艰难抉择，韦莲司的想法和建议也常常会令他茅塞顿开。

韦莲司无疑是最相信、最理解、也最明白胡适的人，许多年过去了，她依然无愧于胡适称赞的"思想的舵手"。

她不仅无私地爱着他，而且也同样无私地爱着他的家人。

曾经，她采下了芬芳的薄荷花叶赠给胡适的女儿；后来，胡适的长子胡祖望到美国读书，也得到了她无微不至的关怀。甚至，她与江冬秀也相处地如同姐妹一般。

韦莲司是一个善良到只肯伤害自己的人。她从1933年前后开始，陆续将胡适写给她的信件一一用打字机打出来，再寄给他，以做资料留存。在打这些信时，韦莲司细心地将胡适对她表达相思的句子以及胡适在未婚时埋怨江冬秀没有文化、不能与他进行思想交流之类的句子都删掉了。因为她担心如果江冬秀看到了这些信，会非常伤心、难堪。

她曾多次邀请胡适与江冬秀到绮色佳度假，并很贴心地建议江冬秀可以请几位亲朋同来，以缓解在异国由于语言习俗不同而引起的不适。

当年他们在绮色佳的合影现在依然完好地保存着很多，和暖的阳光下，三个人的脸上都溢满了从容、祥和而愉悦的微笑。韦莲司和江冬秀站在一起，手臂挽着手臂，显得格外亲切。

然而，照片上的画面越是和煦如春阳般温暖、美好，就越是引得人想要落泪。

不仅如此，就连胡适的情人曹诚英也得到过韦莲司尽心尽力的照顾。

曹诚英是胡适三嫂的妹妹，身材瘦小，聪明泼辣，写得一手好诗词。胡适与江冬秀结婚时，她就是伴娘之一。湖畔派著名诗人汪静之也曾痴狂地爱过她。

曹诚英大概是胡适一生所有的暧昧女友中最令他动心的，也是唯一一个让他产生离婚念头的女子。

据说，胡适提出离婚时，江冬秀二话不说，转身去厨房抄起菜刀，对胡适说："离婚可以，我先把两个儿子杀掉！"面对如此悍妻，胡适只好投降了。

曹诚英是一个非常果敢决绝的女子，她爱胡适爱得天昏地暗，不能自拔，甚至还因无法与他结合而失望地到峨眉山去做尼姑。

1934年，胡适打算送曹诚英到康奈尔大学读书，便托韦莲司多多照应她一些。

胡适原本只对韦莲司说曹诚英是他的表妹，可是没想到，满腹相思苦水无法倒出的曹诚英，竟对着韦莲司大大倾吐一番。韦莲司听了自然心如刀割，她已然认命地躲在幕后，只希望自己能够成为他婚姻之外的唯一知己。但曹诚英的出现却让这个小小的可怜的梦都化为了泡影。

不过，伤心归伤心，韦莲司依旧神色平静地听完了曹诚英的诉苦，柔声细语地安抚着她。并且在曹诚英的留学生活中，给了她极大的帮助，就连曹诚英居住过很长时间的公寓，都是韦莲司的房子。

关于自己与胡适的关系，聪明的韦莲司并未告诉曹诚英，她向来都是一个很谨慎的人，生怕因为自己的存在而给胡适造成名誉上的损害。况且，她已从不算太久的相处中看出了曹诚英的刚烈性格，如果说了不该说的话，对于胡适，对于她，对于韦莲司自己都将是一场灾难。

曹诚英回国之后一直念念不忘和韦莲司的友谊，对韦莲司的关照感激不已。她还曾愧疚地对胡适说，回国后因国难而颠沛流离，虽然无时无刻不在想念着韦莲司，但想要写信又一时不知该如何落笔。

时光悄无声息地流走了，胡适和韦莲司都已成了垂暮之年的老人。但他们的情谊在岁月的磨洗中变得越来越醇厚了。

胡适依然会在每年的4月17日送上生日的祝福；

韦莲司依然会在断断续续的信中关心着他的健康和他家人的安好。

韦莲司与江冬秀也依然是很要好的朋友，她们常常互赠一些小礼物，偶尔见面时，两位老人有一言没一语地拉着家常，日子温暖而又悠长。

当胡适一家准备离开美国到台湾地区定居时，韦莲司请银匠精心打制了一套银餐具，并在上面刻上了"冬秀"二字。

镌上"冬秀"而不是"胡适"，韦莲司的细心和良苦用心可见一斑，恐怕也只有她才会选择如此贴心的刻法吧。

1961年4月13日，胡适给韦莲司写信，报告了自己最近生病住院的状况，并送上迟到的"生日快乐"。他在结尾说，"不久我会再写信给你"。

可是他再也没有机会祝贺她下一个生日了。

第二年的2月20日，胡适在台北逝世，享年七十一岁。

当时，韦莲司已经卖掉了绮色佳的房子，在太平洋的一个小岛上安度晚年。她听到噩耗后的悲痛恐怕是任何人都难以描绘的。

她挣扎着，拖着残如风烛的身体，流着泪给江冬秀写了一封信："亲爱的胡夫人，多年来，你生活在一棵大树的余荫之下；在你年轻的时候，也曾筑巢在枝头。这棵大树结出了丰硕的果实，哺育了千千万万饥饿的心灵；而这些果实将被永久地保存下来。我最珍惜的是对你的友谊和对这棵大树的仰慕……"

几年后，为了给新建成的台北胡适纪念馆补充更多的材料，也为了方便后人研究，更为了尽力还原一个真实的胡适，韦莲司将她与胡适相识以来的所有信件、照片等珍贵实物，都寄给了江冬秀，并由她转交到胡适纪念馆。

当江冬秀感念万分地请韦莲司作一小传时，韦莲司还是那样谦逊地说："除了我曾经作为这批信件的收件人，我一生没有任何重要性。"

胡适去世后第九年，八十六岁的韦莲司也安详地闭上了眼睛。

她在生命的长河中落寞地垂钓，却只钓起了漫长的等待和无尽的伤痛。然而她却用一颗最美丽最柔软的心，将所有的伤痕都点化成了灿烂的妆饰，给所爱的人带去了赏心悦目的美好，唯独留给自己一串又一串的苦泪。

她明明早已知道自己今生都无法与他结合，却依然爱得那么义无反顾，不惜赴汤蹈火！

她明明可以像其他女人一样，在丈夫的护爱下安然度过每一个平凡的日子，却依然那样坚决地将自己整个的身心都献上爱情的祭坛！

也许有人说，知其不可而为之是最大的愚蠢，但世上总是有那许多"蠢人"为了真情挚爱而甘愿付出自己一生幸福的筹码。谁能感受到她们的哀痛？谁能懂得她们在深情与执着中所体悟到的生命真义？谁又能忍心说她们所得到的不是最深刻的幸福呢！

斯人已逝，那旷古绝今的爱恋也已慢慢退远了，或许这只会成为人们闲话桑麻的一段小小谈资。

然而，流年似水，岁月沧桑变幻，扰攘人世间再也没有这样的爱情。

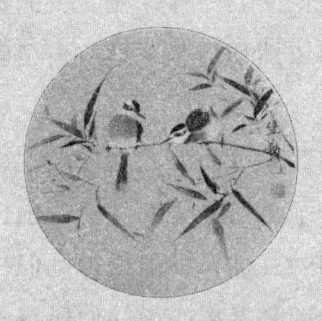